學紫微斗數 看一次就學會

張立忠——著

─ 序 ─

常聽業界老師及學生常提到，對斗數初入門學習經常遇到的困難，在於斗數系統太大，而要背記之資料太多，而斗數、派門、派別又有三合、飛星、四化等，其實斗數分兩大主流，一以星曜為主之三合派，其中以中州派為最大宗派，又包括紫雲、天機、現代占驗門，新詮、三合派等，而另一支系以四化解讀統稱四化派，其中以欽天四化為主，光這些斗數派系的支微細節，就將想學習斗數的學生搞得夠頭昏了，再加上初學者，自學者加入門者，更不知學習方向在哪?在茫茫書海中，盲人摸象，摸到哪本書，就回去閱讀，覺得深淺不一又無法適應書文之義，再反覆找書，徒增困擾及時間浪費，近年來我在招收斗數學生時，才發現一件驚訝之事，已學習1～2年仍停留在初階班的程度，此學習非自學是去報名上課，我開始正視這個問題，將自己研習斗數之經驗及每天為人論命，及在各社群命理網站實戰論命經驗中，及教學了解學生學習障礙、瓶頸全部歸納整理出斗數好記憶，有系統、脈絡可尋的初入門斗數一書，來幫助初、中階學習者。常言道基本功一定要紮得深，只要基本功在，不管將來讀者要學習何種斗數派系，都要具備基本功，本書就是打穩您的根基之後，將來要學三合派、四化派，任何宗支的斗數學問萬變不離其基礎，要不迷於心竅，放開妄念去掉執著，按部就班，多方考證，多一分疑惑就多一分探索，不斷反覆，學習驗證才是了悟法門之根本。

命運之學，其重點在知天命，避凶險、創新機，運大平，作者整理了在第二章要知斗數先了解斗數盤十二宮位，天干、地支五行，尤其十二地支宮位五行（木、火、土、金、水）宮位方位，代表的四季，這些都是學習者，必須了解的基本功，否則您不會了解如何趨吉避凶制化法訣，有了對十二宮位了解後，再來談斗數第一章十四主星的星情、星性，及最重要的分析，十四主星在十二宮位所代表的命，兄、夫、子、財、疾、遷、友、官、田、福、父十二宮所表示之星象釋義，且十二宮加上不同十二宮位不同之變化，均有詳盡說明，用最邏輯思考，深入淺出在白話文上表達讓學習者好記憶，再者來談四化星（權、祿、科、忌）玄義，將十天干四化，共40種套入十二宮位的星象一併解說，很難讓您不懂或學不會。在第二章演譯十二宮位、五行、生剋及方位、季節、時間及如何趨吉避凶，如何將命運用正確觀念的思考模式來面對命運不好或低迷之處，再以正面能量來改變自己心性與行事準則，在第三章節談觀念、禁忌與迷思，及如何補運，讓學習者有正確良善心態來知命、用運，由命盤中的優點去補缺失處，而也由缺陷處如何找強處來補救，做到命運中的平衡，才是福！一個最好的命盤也一定有不佳之處，再差的命盤也有其優點，若您只會看吉凶，而無法給予自己方向導引，或為人解迷津之惑，那學斗數而不會運用，此乃非福！本書不迷信，不提倡各種法術作為，全依科學及生活化簡單作為來談改變命運趨避吉凶，其方法：①正心正念如何從命盤中缺點，來改變自己觀念造福。②依斗數之星坐入何宮位來趨避吉凶，其趨避範圍有財位（本命、流年財）、科考文昌位，夫妻婚姻位無桃花、久婚不孕、查子女宮位如何趨避，如何增加公司財運、營運及員工穩定性，及健康疾厄、居家風水佈置，在此書，僅介紹方式方法，而讀者僅要花小錢，自己依書內容去擺放開運小商品即可。在第四章節詳盡道出六吉曜（左輔、右弼、天魁、天鉞、文昌、文曲）、六煞曜（地劫、地空、火星、鈴星、羊刃、陀羅），及重要次級星共31顆，制化趨吉避凶之方法，供大家參考運用，各位讀者，如果過去有購前本書（斗數判決書），更應要看這本入門書，精通後，再看前本書的144解盤，絕對更能上層樓功力，更精進。

本書真訣融貫在日常生活中之運用，斗數趨吉避凶之法在細部探討五行、本命、大運、流年，以方位定空間磁場、興衰，採星曜特性轉變為吉凶參考找出利時、利空、利人之果證，做到平衡、制衡之最佳效果，我們在學習斗數都為派別派系所炫惑，其實斗數任何派系都有其高準確度，其萬法歸宗不離本源，例：壹仟元紙幣是壹仟元，那10張佰元鈔也是壹仟元，再者，100枚拾元也是壹仟元，需知天下沒有一門學問是包山包海的，但多接觸學習，別故步自封堅持己派。好的學習者，其基本功都是一致的，要想台上3分鐘，台下需10年功，但本書，不用花如此多時間，讓您上台有功力、台下省功時。

目錄

第二章 各宮位制化趨吉避凶方法……258

第三章 命運與觀念……326

一

十四主星・十二宮位・四化星・釋義

第一節 斗數盤介紹

一、十二宮位／十二地支（陽宮及陰宮）

十二宮位，分別為子、丑、寅、卯、辰、巳、午、未、申、酉、戌、亥。

此十二地支，又分為兩種：

（1）陽宮為子午、寅申、辰戌。

（2）陰宮為丑未、卯酉、巳亥，又名對沖、對宮、相沖。

二、十二宮位／十二地支（五行）

子為水、丑為土、寅為木、卯為木、辰為土、巳為火。
午為火、未為土、申為金、酉為金、戌為土、亥為水。

三、十二宮位／十二地支（方位）

亥子丑為北方，亥為西北、子為正北、丑為東北。
寅卯辰為東方，寅為東北、卯為正東、辰為東南。
巳午未為南方，巳為東南、午為正南、未為西南。
申酉戌為西方，申為西南、酉為正西、戌為西北。

四、十二宮位／十二地支（時辰分布）

■子23：00至00：59

■丑 01：00至02：59

■寅 03：00至04：59

■卯 05：00至06：59

■辰 07：00至08：59

■巳 09：00至10：59

■午 11：00至12：59

■未 13：00至14：59

■申 15：00至16：59

■酉 17：00至18：59

■戌 19：00至20：59

■亥 21：00至22：59

此為時辰分界，但正點時，算下個時辰。

如：23：00算子時，01：00算丑時，餘類推。

五、早子時／晚子時

十二時辰內，只有子時又分早子時及晚子時。

如23：00～23：59為晚子時。

而00：00～00：59為早子時，是為新的一天開始，故為早子時。

六、四敗之地／四生之地／四墓之地

斗數十二宮位，又分為三個類型：

(1)四敗之地，也叫桃花地，分別為子、午、卯、酉。

（水、火、木、金）五行。

（2）四生之地，又叫四馬地，分別為寅、申、巳、亥。

（木、金、火、水）五行。

（3）四墓之地，又叫墓庫之地，分別為辰、戌、丑、未。

（土）五行。

七、三方四正

三方四正：若論子宮位，則其三方為對宮「午1方」，自子向右數5為「辰2方」，自子宮左數5為「申3方」，再加本宮子宮為四正。再例，若論辰宮位，則其三方為對宮「戌1方」，自辰間右數5為「申2方」，在由辰宮左數5為「子3方」，餘類推。

八、六合宮

六合宮：子丑、寅亥、卯戌、辰酉、巳申、午未。

九、夾宮

■子宮被亥丑夾。

■丑宮被子寅夾。

■寅宮被丑卯夾。

■卯宮被寅辰夾。

餘類推。

十、天羅地網宮

天羅地網宮，辰（天羅）、戌（地網），有困之意。有時在此二宮位，反需有煞曜同度主星，反能掙脫困境。

十一、十二生肖與地支關係

十二生肖與地支關係：子（鼠）、丑（牛）、寅（虎）、卯（兔）、辰（龍）、巳（蛇）、午（馬）、未（羊）、申（猴）、酉（雞）、戌（狗）、亥（豬）。

十二、三合貴人

■虎馬狗：寅、午、戌。

■蛇雞牛：巳、酉、丑。

■猴鼠龍：申、子、辰。

■豬兔羊：亥、卯、未。

十三、六合貴人

鼠、牛：子丑。虎、豬：寅亥。兔、狗：卯戌。

龍、雞：辰酉。蛇、猴：巳申。馬、羊：午未。

十四、五虎遁掌訣

以年天干推月之天干例如二〇一九己亥年將已找出在食指下方起（丙）故一月為丙寅月。

五虎遁掌訣

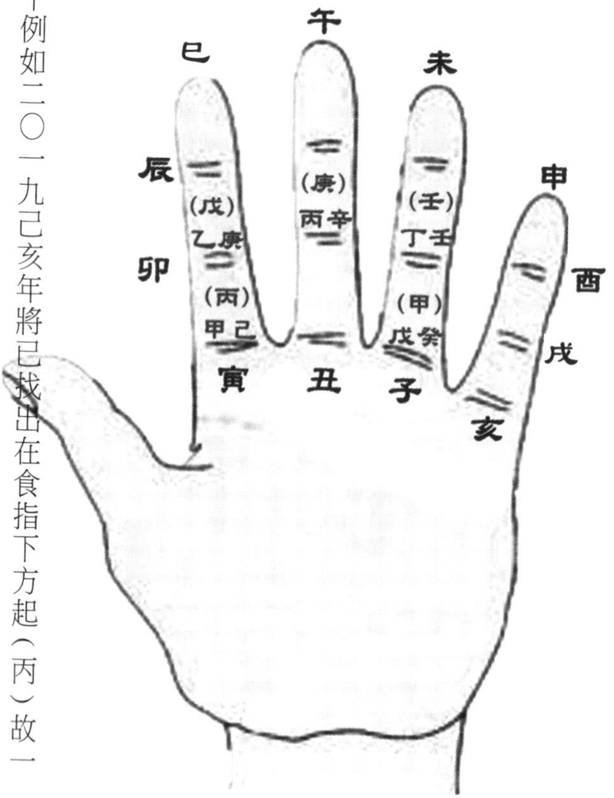

十五、五鼠遁掌訣

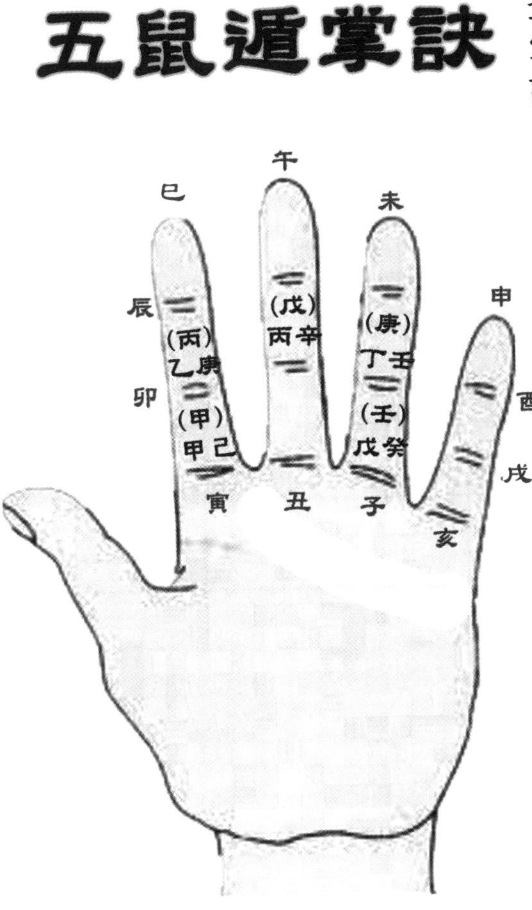

以日之天干推時辰之天干例如二〇一九年陽曆四月一日其當天為戊辰日將戊找出在無名指下方起（壬）故當天子時為壬子時。

十六、十天干

甲	乙	丙	丁	戊	己	庚	辛	壬	癸
陽木	陰木	陽火	陰火	陽土	陰土	陽金	陰金	陽水	陰水
東方		南方		中央		西方		北方	
甲子	乙丑	丙寅	丁卯	戊辰	己巳	庚午	辛未	壬申	癸酉
甲戌	乙亥	丙子	丁丑	戊寅	己卯	庚辰	辛巳	壬午	癸未
甲申	乙酉	丙戌	丁亥	戊子	己丑	庚寅	辛未	壬辰	癸巳
甲午	乙未	丙申	丁酉	戊戌	己亥	庚子	辛卯	壬寅	癸卯
甲辰	乙巳	丙午	丁未	戊申	己酉	庚戌	辛亥	壬子	癸丑
甲寅	乙卯	丙辰	丁巳	戊午	己未	庚申	辛酉	壬戌	癸亥

故一甲子為60年。

第二節 十四主星介紹

一、紫微星

封神榜周文王的長子伯邑考，地位尊貴，也是帝王星。其性如帝王，此星坐命多穩重老成、心高氣傲、不甘在人下，也較孤僻，精神層面較高傲，但耳根軟，有蔭人之心，無求回報，喜掌權及排場，好面子，主觀強。

紫微北斗帝坐五形陰土，化氣尊貴，司主官祿、權力。

主掌權、延壽、制化、桃花。

四化：乙年化科、壬年化權。

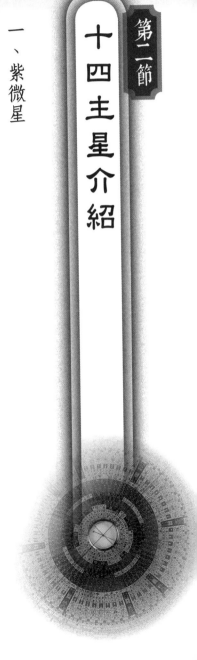

此星喜得百官，共18顆星。左輔、右弼、天魁、天鉞、文昌、文曲、祿存、天馬、三台、八座、龍池、鳳閣、恩光、天貴、台輔、封誥、天官、天福。

◆ 左輔、右弼，增加紫微助力，具有強大領導統御能力。

◆ 天魁、天鉞，增加機遇，常有良機貴人助力。

◆ 文昌、文曲，增加才智、能判斷準確，明君賢主，但不見輔弼、魁鉞，僅見昌曲，則流於風流多情。

◆ 祿存、天馬，增加財氣及賺錢能力，命宮乃三方見之適經商，但見祿未見馬，則僅利儲財，生財力道不足為中富。

◆ 台輔封誥，增加名氣，要有輔弼，才大大提升領導力。

◆ 三台、八座和台輔、封誥性質雷同，唯力量較小，喜會輔弼、恩光、天貴，增加紫微名譽，受人愛載，但只見此二曜，不見其他吉星，僅有虛名欠實利。

◆龍池、鳳閣，增加才藝，尤其手工藝。

◆天官、天福，增加事業之穩定性及享福之能力。

而群臣遠離之星為火星、鈴星、擎羊、陀羅、地空、地劫，此六星會讓紫微發揮暴虐性格。分述如下：

◆火星、鈴星，主人生非常艱苦辛勞、不得安閒。

◆擎羊、陀羅，主性格自私暴虐、手段激烈。

◆地空、地劫，主思想不隨俗，不易為人了解，故精神比較孤獨，不過遇煞的紫微，並不影響其領導氣魄，性格依然剛強，只是易行旁門左道。

紫微在丑、寅、午、未四宮入廟，但其力量最強是丑、午、未三宮，而寅宮因紫府同度，雖入廟，但此結構有缺失。

在卯、巳、亥、申居旺，而紫微在子宮、酉宮，為閒地（平）。若多吉而無煞忌，亦可為佳構。

紫微七殺在巳亥宮為「化殺化權」，有強大開創力、氣魄大，可吉可凶（看所遇之吉凶煞曜），由於七殺乃大將軍，喜見輔弼、魁鉞大於昌曲，為老闆主管格，性強主觀、獨立自主、積極果決，可從商在亥宮較辛苦。如逢魁鉞，適公職或研究工作，因三合會（殺、破、狼），一生變化起伏大。

男命有魄力，女命能幹，遷移宮有天府星，喜助人結交權貴，有貴人助，逢吉曜，則富貴福厚，但忌空亡星（截空、地空），為破格，宜巧藝安身成就不高。

紫微在子午宮，可得天府、天相會照（府相朝垣），需會輔弼，否則較孤獨，友人不多。

若紫微坐命，在午宮（權力位），可當官主管，午比子佳，因日月不反背，居午宮，未逢煞為「極向離明」格，故氣度寬宏、財官雙美，若不遇煞，衣食無缺，但對宮有貪狼，喜風花雪月，宜節制貪慾及桃花。

紫微破軍居丑未宮，能獨當一面、自立奮鬥，喜創新變化，其對宮為天相（遷移），若三方會吉，就成就遷移宮紫府朝垣格，出外逢貴，但未逢輔弼及吉曜，則個性高傲固執有奴欺主，為人翻臉無情，一生起伏變化大，尤在金錢感情方面，紫破的事業範圍甚廣，不見煞忌利政界或行政管理，也利政府、公共事業、商業的行政管理，若見祿存、天馬，則利商業。

紫相為辰戌（天羅地網）宮，若未逢輔弼受束縛，有志難伸，再受對宮破軍的波折性影響，在人生或事業多波折困頓。

若能得六吉曜化權、化科貴而不富，若是得祿存、天馬、化祿，則富而不貴。

若見火、鈴、羊、陀、空、劫，則婚不美，易與配偶關係決裂，原因在自己強悍剛烈及思變之個性使然，即使有見吉曜，也需注意感情生活。

紫貪居卯酉、貪狼乃多才藝且興趣廣泛，為人圓潤交際廣公關能力強，有語言天份，若再逢桃花雜曜（桃花犯主）格，在卯格較獨樂樂，在酉宮位為眾樂樂會呼朋引伴共享。

男命好酒色、異性緣重、脾氣稍倔強。女命好打扮、精才藝。

如會上鸞喜、咸池、大耗、天姚、沐浴、桃花雜曜，主好色無所不好的壞習慣多，若會輔弼及吉星為「輔弼拱主」格，有突出表現，若逢六煞、化忌人生百般蹉跎常為僧道，宜有宗教信仰或學習星相命理（極居卯酉）格，若命無主星，借紫貪而加會吉星，未逢煞則為「府相朝垣」格，可為主管才華洋溢。

紫府居寅申（紫府同臨）格，在紫微的配量以此配置較不宜經商，因天府為南斗主，而紫微為北斗主，相互有矛盾之象。如果從商猶豫不決顧前失後，自己打自己，無論見煞與否，以公職為佳，或受薪工作，若有昌曲，宜教育文化，傳播界發展。

紫微見祿馬交馳格，需祿馬同度本宮或一居本宮，另一居對宮才是正格，而三方會則作用力減。因天馬僅在寅、申、己、亥，故只有紫殺及紫府，才有機會呈祿馬交馳格，但又見地空、地劫，則財來財去，其人多獨特見解。

紫微見地空、地劫、天空、華蓋是出世之士，在精神方面，不一定是出家，可能對宗教、哲學有興趣或精通五術。

大限（運）流年

◎若遇紫府大限流年主有貴人機遇，若逢紫破或紫相者，有去舊更新之意，其轉變及更新未必吉，有可能面臨失業、破產、耗敗，再重新來過，若會吉曜、吉化，則有吉之變化；若逢煞刑忌重重，則愈變愈不利，要力求穩定少變化為佳，也是趨吉之道。若紫微會地空、地劫大耗，則有經濟困頓。若逢火、鈴、羊、陀，有虛驚糾紛或降職、停業，若原局吉，僅為壓力不必過憂。

◎兄弟宮主兄弟近貴可依靠，但多為長兄姊，需受其駕馭管理，必須服從兄弟必強於己，亦可推比在同事間同論。有煞重兄弟刑傷欠和，有天馬會照各自忙碌。若吉星太多，主自己難在兄弟及同事中出頭，若會到吉星，表示合夥人能力高，而自己無法掌握，故不宜合夥，再有空劫，更不宜，容易為兄弟、合夥人破財，若在兄弟宮三方代表他們破財。紫微得輔弼到齊兄弟多，若見單星，而父母宮又有桃花時，主有異父母手足。

紫殺主兄弟三人見煞少於三人，紫破或紫相，手足易有不和，相爭，感情欠佳，更見煞有刑剋或析產分居，若父母宮不吉，而兄弟宮亦有缺，也是可能有異胞手足，但紫相有魁鉞夾宮，而三方見輔弼、昌曲，有雙胞胎之手足。

若見四煞（火、鈴、羊、陀），有口舌或關係不佳，行巨門運要注意，尤其是紫破、紫殺更確。

◎

夫妻宮有紫微星，主配偶支配慾強、佔有慾強，若希望感情穩定宜年齡有差距，若男命夫妻宮，有紫微又有吉星照會其太太必有自己事業，具丈夫之志且性格主觀、剛烈，有妻奪夫權之意，家中事均由太太定奪，若女命主配偶經濟事業雄厚，唯感情欠體貼溫柔，即使會煞重，雖丈夫無大成就，也必定是小老闆。

紫微在夫妻宮喜遇昌曲、鸞喜祿存、化祿來增添感情穩定恩愛，但逢天姚、大耗、陰煞、咸池或見貪狼、巨門化忌或大運逢之皆不吉，若不見上述感情之星，則夫妻間易貌合神離、興趣不相投或聚少離多，男命宜娶妻年少6、8、12歲。女命宜比自己年長6、8、12歲，若夫妻宮有天壽同宮，則年齡差距更大。在子、午宮配偶有作為，再有六吉星，必為上格。若會照三台、八座，主配偶家境出身比人強。若會照龍池、鳳閣，主配偶才藝獨到。若會照恩光天貴，主配偶受薦拔與獎勵提升地位或得岳家提攜照顧。若會台輔、封誥，主有名望及專業知識，若化權陽剛過甚，若化科有遠見。

若紫微子午宮無吉會而煞湊，則格局低劣，為奸、刁之輩，若照入刑忌及天月、病符，主配偶有隱疾、子宮比午宮穩定些。在丑、未宮，紫破若遇煞忌，則動盪。遇文曜較安定，但遇昌曲，帶有矯揉手段及桃花性質，較易有婚外情。男命宜配長妻，因福德宮廉貪之故，而女命配長夫，有照顧之意，最好婚前有感情重大挫折，則婚姻較能美滿或婚姻生活聚少離多更佳。

在寅申宮紫府，而命貪狼坐辰戌（天羅地網），桃花減少，南北斗星均在夫妻宮，便有矛盾性質，主婚姻，有苦在心，因當初結合非愛情乃政治上的考量而結合（利益），因此極易有二次婚姻，唯晚婚能解，在第四大限成婚為佳。

在卯酉宮有卯宮之紫貪及酉宮借星入宮的紫貪是不同的，故云桃花犯主為至淫，不宜女命，因其命天相為天梁巨門夾一是挑剔星，一是口舌星，容易不滿及怨懟，所產生不安現況。在現代即為女人為追求名利刺激物慾享受而外遇。男命主配偶，有紅杏出牆及刑剋可能，宜遲婚，見桃花有外遇，見煞主風月，但可能會迷途知返，因紫微故。女命主配偶，有才華，見昌曲為風流浪子，對家庭仍有責任感。唯配長夫（20歲）或遲婚可避。

若借宮之紫貪，若四煞並照夫妻宮或羊、鈴同度，無論男女終身恐難婚配，若不見煞為府相朝垣，女命主夫榮顯，男命則妻子為女強人凌駕丈夫之上。

在辰戌宮紫相，其夫妻感情好，但會在人生中遭逢一次重大意外突變，成為人生中的痛苦回憶，需檢視其大運流年，才知何時發生。唯破軍化祿或祿存同宮，見吉多煞少，才能避免。或福德宮廉貞見祿存，也可避之，但配偶薄情些。

在巳亥紫殺，命宮得府相來會基本是穩定。但有了強行佔有及不善珍惜之感，其佔有慾強烈，喜支配配偶，但七殺又有反叛之心，故演變成大小事夫妻間勾心鬥角，爭利爭權，喜支配配偶財利，故無論男女均有二婚可能，而二婚會比一婚好，或與離婚之人結婚亦可，紫殺有一特性，主配偶有開創力，積極健談，總之紫微星系在夫妻宮，較具有霸之意味，而廉貞化祿是化解紫微在夫妻宮不善之處。

◎

子女宮，獨坐無吉星主子女少，有輔弼多，但最好得子晚，有昌曲、化科，子女性聰敏，有煞子女情誼不佳，有鈴星有代溝。一般均主子女個性強烈、志氣高傲，有主見不易屈服，見吉則有才，品格高尚能孝順父母，反之見六煞，則薄待父母，甚至剝削破敗家業易行偏鋒，觸犯司法，一般先主得男，但有鸞喜、咸池、天姚沐浴主先得女。

若紫破更有六煞天刑，主長子有刑剋或破相早產，即使女兒亦同論，若紫府則多產之家，若紫微天府輔弼或紫微破軍見四煞天刑，則「生多留少」，常有白髮送黑髮人之事或夭折，紫微會天馬主子女遠離膝下，無法常相聚，六煞並見，主一生無子女，即使有生育機會多小產或不孕，以獨坐、破軍、天相、七殺同度為確，若會六煞，也見輔弼可遲得子，男命或許在外生或納妾生。

◎財帛宮非財星可穩定進財加吉星財星，才會大量進財非大富之財，有空劫，則不穩定左進右出，逢輔弼可多方進財，紫破或紫相在沒煞曜空劫下主艱苦變化中進財，勞心傷神並不安穩，見煞空劫，反勞而虧蝕財來財去。在流年遇紫破有意外之財但見煞曜空劫刑忌得而復失，而紫殺有橫發性質有吉星可發而穩定。

◎疾厄宮，紫微陰土主脾臟，廣義消化系統、胃口、內分泌不良，紫貪為桃花犯主，主腎病因不見煞忌主性慾強。

女命須再看命宮及福德宮是否有淫亂之象，紫貪會天姚咸池才主手淫遺精，會鸞喜或對拱女命經期不定，白帶及子宮暗疾，男命性慾旺因縱慾而虧虛，加會羊刃「有傷在外部」之意，在男性主包皮過長，女命生殖系統炎症。

紫微會羊、陀、鈴、天刑為動手術或意外傷、割傷。

和火星同宮皮膚病或風濕病症（中年人），紫微地空主頭昏或低血壓，和地劫同度胃痛。紫微天府胃潰瘍、胃酸反溢。紫微會吉多主災少營養過剩因吃太好反使消化系統運作不良。

◎遷移宮在外必有人而受人敬重，有輔弼有貴人助，有魁鉞常有機遇，紫府僅平穩需有六吉、祿馬才可富貴雙全。
在遷移宮有祿馬交馳，乃商人格局，財氣大。
若化祿而無祿馬，則財氣不如預期。
若為紫貪化祿，未必為財，是風花雪月。
紫相主海外能發，但需魁鉞夾或更有祿馬、化祿助，較奔波。紫破在外，有貴人亦有小人，事業有進退、有成敗。
紫微和祿存同宮，主財氣但受羊刃陀羅夾主（小人排擠），若羊刃同度，人緣不足、口角紛爭，與陀羅同度出門多麻煩事，非會火、鈴，也多是非，會地空地劫，財破不寧，但紫貪有火、鈴同度而三方不見煞忌為火、鈴貪格，有橫發機遇。

◎ 交友宮紫微在交友宮乃弱宮見吉曜愈多，主友強己弱，遭看輕以紫殺最明顯，若本命三方強宮，而此宮煞多主手下平庸，紫破會諸吉，雖有下屬擁護，但易破局早結束關係，若有煞曜就容易交上惡友、不善之人，若煞多誤入歧途，若紫微會空、劫，因友損財，也有奇思異想之朋友，或藝術家型之人，和陀羅同度主為友事強出頭遭遇麻煩，再遇煞刑忌更麻煩，如有陰煞、天月、天虛，乃受騙如為友作保，自己擔責任。有桃花曜（鸞喜、天姚、大耗、咸池、沐浴）主捲入友人桃色陷阱，或受異性友人所累，或交上好色友人流連風月惹禍，與羊刃同度，主友不和多紛爭，賜恩反遭怨報，若更有火、鈴，傷害損失更大。紫微會昌曲，化忌受朋友欺騙，會貪狼化忌，主下屬友人反成為自己競爭對手，會廉貞化忌，傷心感情，會武曲化忌，因故動干戈，因朋友而損財。

◎事業宮紫微乃官祿主，喜坐事業宮，具備管理能力。財宮廉貞化祿或祿存同度，可名利雙收，此星會輔弼、魁鉞，則事業宏大得得天時地利，紫府不宜自立門戶、經商，以文教專業為佳，若是會天府（三方），也必會天相，為府相朝垣，事業必穩定。

若會祿存、化祿，不見天馬，最好受薪，在財經方面表現出色，可任財政、財務大臣、會計、精算師，有天馬才具經商命格，紫破得吉曜，吉化無煞，才可在起落中晉升，反之則不安定風浪大有破財之危。

紫微在事業宮，命宮為武曲與羊刃同度，丑、未、辰、戌更有天刑，乃武職，是領袖之才，紫微化科，利成名增知名度，宜政界機關、公家事業發展。而化權管理強是運用權衡治世，非以德服人，此時看交友宮吉凶合參。若化權又會火、鈴、羊、陀，尤忌弄權，否則成拙。

紫微和空、劫、大耗會，一生事業多破耗，可由幻想中成事業，宜工廠、實業方面發展，從幻想中發展，做他人不敢做之事，反可有成，化腐朽為神奇，但紫破不在此例。

◎田宅宮，宜居高地或中間之房子，若會祿存化祿，宜購礦地或高地，宜半山腰而居，也亦可投資物業，與火星同度又更會羊、陀、空、劫大耗，有火災之驚，當流田亦有此象，且流羊、陀疊沖，便是剋應之期（住宅、公司、工廠、店舖），紫破在田宅宮非吉星，除非有吉曜、吉化，否則祖業退去，若會羊刃、陀、化忌主（產業田地發生糾紛訴訟，如和公司糾紛、被逼離職），而紫相也主家業動盪，更見六煞、大耗、天刑，家業不守，變賣房產，受薪者受打壓，經商有倒閉之虞，見六吉則旺家。

◎福德宮，主性格高尚自尊心強難服人，若本命三方不吉者，因性格強烈而運途不濟心情苦悶，但紫微遇六吉曜，主福深，品味不俗。若會昌曲，更有桃花曜（鸞喜、天姚、咸池、沐浴、大耗），主風流好色。紫府因性格矛盾，在現實中反多挫或不滿現實，而紫破、紫相，勞心勞力，紫殺亦同論。

和陀羅同度，主自尋煩憂，因自己想法和別人不同，格格不入，有孤獨感，以致心煩，再有桃花曜，主情慾之事心煩。

紫微會忌星，主有憂慮，會武曲化忌為金錢煩，廉貞化忌為感情倫常而煩，會貪狼化忌更見空、劫、耗為財帛競爭煩，若見桃花曜，則為情慾煩，見昌曲化忌，因心術不正煩。

◎ 父母宮主父母有權掌握自己是較嚴厲的管教方式，但逢六吉曜雖嚴但仍有情，若會六煞則過於苛刻以致關係差。

紫府見輔弼、魁鉞，父母有貴氣。見祿存化祿，家境好，但父母傾向控制自己的財務狀況，紫破主和父母關係不穩定或少緣，幼年離家否則父母刑剋，若見煞忌主父母災病。

紫貪無刑剋，兩代感情佳也較輕鬆、無代溝，但也各有私心。紫相主對子女嚴厲，較不交心談內心事。

紫微有好色風流本質，在父母宮不宜更見貪狼、咸池、鸞喜、天姚等桃花曜，主有繼母，或父有偏室、外遇，母親也有可能。

紫微見空劫，多主生離尤其火星同度，主幼年因故和父母分居，若有羊、陀同度，再有刑忌，主父母有危症或遭意外最常見仍是分離。紫微面白黃，紫殺其他紫紅色較多，中高身材腰背肥滿，長圓形臉，以金黃色系服飾較能增加磁場。在命，田宅宮方位，宜擺葉片肥厚植物，要居高地才有運，不宜在殺、破二位安床臥室，頂樓加蓋房子更適居住。

二、天機星

天機星，乃姜子牙益算之星化為善星，五行陰木乃機變多端（頭腦靈活），見煞忌見異思遷（博而不專），坐命者適合用頭腦的工作，因常有機智創意點子，喜昌曲、化科、天才、龍池鳳閣，主計謀才智，有發揮空間、盡展長才，但心思不能靜，常思前想後，有操心之缺點，天機入廟最善才，會六吉三吉化一生權貴，再加祿馬拱照、財源豐厚。

天機居子午宮，適幕僚、企劃，心善不服輸，重視名聲，反應快，為最佳軍師人才，機月同梁格，也可任公家機關，此命格主白手起家，午比子宮佳，不宜賭博必輸，人較肥胖，女生有身材之苦，而積極減肥傾向。

丑未宮落陷地難表現動中求財，穩定性不夠，宜打工，但主觀強，好說善辯，斤斤計較貪小便宜，此外任何宮位天機星遇六吉曜地空、地劫、華蓋都是心慈之人，而有天才加輔弼、昌曲、三台、八座化科博士高智商之人，忌水宮及冬天生人(水月)，主智商低，若天機化忌，有空亡陀羅大耗呆笨。

天機加陀羅為腦筋遲鈍、反應慢、不利思考。

寅申宮乃標準機月同梁格，主人機智幽默較膽小，逢天馬適外務工作或離鄉發展，在公職大企業上班，可出人頭地，若有桃花才藝星也適合演藝工作，寅位天機強適男命，申宮太陰強適女命，但太陰若化忌，更有地空、地劫、陰煞、天月、天虛或太陰化忌，或會昌曲化忌，則心術不正，表裡不一，不可以心慈論，上述組合在福德宮亦同論。

機陰有重感情而內藏之意，天機又有計算本質，所以太陰化忌，天機化忌或會昌曲化忌，就有表裡不一、權謀權術之感。

機陰之人，再有天巫、華蓋，便有靈感直覺強或能見靈異事物，天機化科、太陰化祿丁年生人，一生權貴重，天機會祿馬，非大生意僅適零售批發，天機化忌，多憂慮游移多變，但愈變愈差，再有陰煞、天虛、天月，易旁門走道注意教養。天機會四煞人生起伏，宜受薪及一技之長，若天機有昌曲、化科、龍池鳳閣，為專門技能或藝術人士。

卯酉宮機巨同宮為巨機同臨格，思想敏捷有辯才富研究心，中年運佳平穩利事業不利感情，宜男不宜女，卯比酉宮佳，大多口舌硬難服輸但韌性強。

辰戌宮有機梁同宮（善蔭朝綱格），心慈悲溫和善企劃分析，有組織能力口才佳好談理論城府較深喜歡裝迷糊。若有空亡，益學習宗教、哲學、玄學，此宮位坐命之人，在走七殺、破軍、大運流年時比較不利易有挫折。

凡天機坐命，天機抵抗四煞力量很弱，故有他遷祀出虛驚之狀況以在福、父、田為多印證。

巳亥宮對宮太陰（月朗天門），男女均溫柔多情有異性緣，主好動奔波遷移，男急公好義喜抱不平，女則操勞。

天機星若六煞會齊，更有天刑化忌，主早亡或必經凶險、重病、身體虛弱，天機化忌，女命為有刺玫瑰，與太陰同度為確。

在大運流年，命宮有天機主變動轉機，看所會星曜，有時不主工作變動，僅搬家換床位。

◆ 天機、巨門之人眼神閃動浮，而天機丑未之人眼神冷漠、缺威儀。天機太陰之人好酒，在卯、巳、午宮位之人易得肝、膽疾病。

◆ 天機天馬或加文曲化忌，主車禍。有羊刃、火同宮大車禍大量出血，有羊刃骨折，加破碎則粉碎性骨折。有陀羅、空亡為植物人。天機加火星或羊刃會頭痛。天機坐命之人，不宜門口有樹，但室內可綠化，喜青黃、綠色。

◆天機逢火、羊刃之人，特別好投機、好賭，在天機位種桃樹或楊柳樹，可增財運，但不可種門口。若天機化忌，不可種在此方位。天機化忌，常睡眠不好，神經衰弱、失眠，重則有精神之疾或疑心病。

◆天機之人，不喜養小動物，也勿在天機位養，否則易傷四肢及腦神經。

◎兄弟宮，手足不多，有鸞喜，則姊妹多。因天機主變動，故陷位見煞，皆不吉利。在丑未有天梁（孤星），不利手足感情、多隔閡、意見相左，更有煞刑，主刑剋分離，有空劫、天馬，主有人是過繼者。

◎夫妻宮，天機主變，能得太陰入廟，只要煞忌不逢，此變為有目標方向之變。若太陰陷位且多煞忌，則為離婚或對配偶不滿之變，所以天機在夫妻宮，看太陰及天機煞曜忌狀況。

天機主配偶機靈，有才藝可適任環境變化，只要不遇煞均能恩愛，但可能因工作聚少離多或配偶婚前後變化大，宜夫妻年齡差距大些，以防變之性質。天機在夫妻宮，宜婚禮不完善，如註冊未請客。若見空劫其變化是出人意外。

第三大運是適合結婚之年齡，若天機見輔弼，在命及夫宮，都不能太縱容配偶任性，否則愈變愈差。在天機的大限流年分手多數有復合之機，除非煞重男命宜妻小自己八歲為佳。女命天機在夫宮，主先生不顧家甚至少責任心。而先生喜投機事業，天機有一通性，若見煞刑忌在夫宮，易與親家不和或親屬有災病，另天機夫妻宮，也常沒正式婚禮或不完備。在子午宮，男命多主妻年長，否則太太需負起家庭重任。若天機在子宮位，太陰易陷入感情失落。天機居午，則其福德太陰旺，即使遇煞忌，馭夫有術，夫妻仍不會離異，見火鈴多勞苦波折。見羊陀大挫折，桃花感情困惑重覆發生。

在丑未宮天機對宮為天梁，若會上天壽，主夫妻年紀差距大，機梁主別離，婚後較有離家出走，見煞刑忌，則是「海員、空姐」。女命忌丑宮，主丈夫意志弱，易有外遇。

在寅申宮機陰配偶在公家機關、公營事業工作機會大。

若見化祿、化權，感情不和有挫折，借星機陰比不借星好，主感情易爭執，借星機陰與大耗、咸池同度，夫妻極享受閨房樂趣，若再有天姚，喜看A片、情趣用品助興。

卯酉宮機巨為破蕩，主配偶外地漂泊。見煞忌重，配偶早逝。女命在卯宮宜為夫買保險，見祿存、天巫，更加應驗。

◎機巨夫妻宮，有配偶好投機好賭之可能，或好色不良嗜好。

辰戌機梁也是別離之星，最好婚前有解除婚約或感情受挫為佳或阻力反對。若婚前一帆風順，留心配偶有不良習慣或吸毒，見天月尤確。販毒，則不見天月。或有恩光、天貴也主毒品。

巳亥宮天機，婚前要多次戀愛失敗再結婚為佳，在亥宮配偶好酒、六親離疏，忌見羊陀沖破，再見天馬，主緣淺有生離之意。

子女宮天機逢羊刃、火星，有早產之象。有空劫，注意子女四肢有傷。

若昌曲化科，龍鳳為聰明機巧，但天機或太陰化忌，則是狡猾。

天機巨門同度或巨門拱照，僅子女一人，一般而言，天機不利子女宮。

若會六煞天刑，主無子、有女，或有兒不孝或子多災病。唯遲生子，男約45，女約40之後。

◎財帛宮，有投機生財之意有化祿更可能，三方吉多可生財。若有空劫忌則不妙。若再有四大凶星，則走私行險進財，此星有變之性，故財來財去，可從事零售批發生財最佳。在丑未宮，財不穩定、費心勞神。天機會巨門，更有四煞，始多競爭暗鬥，逢化忌更甚。在辰戌宮，更有化忌陰煞、陀羅，主「謀財多巧計」走偏門。若見吉星，乃商界幕僚智多星。天機和祿存同度，主有財遭人垂涎或財來去流到小人手中。

◎疾厄宮天機五行陰木，乃肝膽及神經系統及精神情志方面，毛病（失眠、睡眠品質不佳），主肝火旺、肝炎、肝癌、硬化，有時也有胃病，在嬰兒時期多災病，此要見煞化忌，女命主經血枯少、月經不準、經痛，見煞忌多主子宮癌、子宮頸癌，需見桃花曜。

天機會羊刃，刑大耗，因病動手術，也可能意外受傷，有四大凶星之一，再有大耗化忌，主腦神經衰弱，僅有羊刃、火星時，頭痛。

◎遷移宮主變動，不見煞忌，利出門遠行、海外發展。若機梁仍不宜從事商業活動，以專業一技之長，均有發展。機巨從事口舌生財工作亦佳，尤其機巨宜外出創業。

◎若天機會煞多，具體情況會空刦破財，會火、鈴，有意外或虛驚。會羊刃，主口舌是非。會陀羅有暗爭。若機陰主計畫生財，有化祿、祿存拱照，出門得財，再有天馬適國際貿易。僅天馬未見化祿、祿存，僅旅行居無定所，若煞多出外有交通意外。

◎朋友宮天機主變化，為交友雖廣但時時更換難有深交，僅泛泛之交助力較少，除非會輔弼、魁鉞才有助力之友。

機巨常口舌與友有爭尤其化忌，機梁主有助力之友或忠誠諫友，若見天馬助力曇花一現，見六煞人緣不佳友少。天機和羊刃，主朋友有爭，與陀羅同度遇損友或背叛自己尤見化忌更甚。如天機化忌或天機太陰化忌，更遇陀羅、陰煞、天虛、天姚更確。

◎

天機與火、鈴，同度主友愈多，愈爭鬥反拖累，以巨門化忌更確。

事業宮最多變動不守一業，若煞多而遇，可能一生轉職換業，以致歲月蹉跎，中晚年無成，故宜少變動以天機化權較穩定，見輔弼多兼職或多門生意，若會昌曲化科，有文采，適文化事業，如出版、傳播、撰稿、作者、編輯、編劇等文字工作者；再如有天月同宮，是和醫藥醫學有關或中醫、物理治療、護士、醫藥保健等著作或編輯。若天機、昌曲化科，另有天巫、華蓋、地空、地劫，則利風水術數行業或此相關文字出版及技藝之傳授。若天機化科，見太陰化祿、天同化權，適政府或公職人員。天機得三吉化，更見昌曲為能文，再見龍鳳為能文能武，有專業技能之人，在丑未宮陷以減少工作變化為佳，若會四煞，宜從事流動無根之工作(船員、攤販)，若會空劫、大耗，宜實業工廠或受薪，如兄弟宮吉利，可考慮合夥方式。

◎若夫妻宮吉，宜夫妻創業，但不可金融、股票、期貨等業。

田宅宮因有變之性質，居家常變動，有空劫忌更常搬家。若財也不吉，為租房搬家；若財吉為物業變化，也適投資客。田宅也主服務機關，也主奔波或調動，以天機化權較穩定，天機化祿或祿存同度主變換中得財利，但又見火鈴忌，則與鄰有爭，天機天梁主晚年得產，天機陷也和居家環境品質不好有關。

◎福德宮主機靈不拘一格，若會昌、曲、化科、天才，其心思觀念不受傳統束縛。若見六煞，學問博而不專，對事物無固定喜好。

天機天梁不依賴物質，追求心靈精神，但若有陀羅、化忌，天虛、陰煞、天月、天姚、空、劫、天空、截空者，有可能弱智或自閉症者。天機巨門，則勞心力，也主口才了得，有邏輯及說服力，有六吉曜更不得了。

天機太陰之人喜靜不喜吵鬧人多，但遇煞，欲靜反不能而更心煩。

天機化忌，精神壓力大遇六煞自尋煩惱甚至有精神疾病。

若煞不多，做事效率差及失眠，或需接受心理輔導，若只會火、鈴、空劫、刑耗，一生勞碌，福薄心煩。

◎父母宮因變之性質，故不利和父母緣份。遠離父母有刑剋會六煞天刑忌自幼寄人籬下或孤兒院長大，更有天梁尤主刑剋，幼年父母災病而亡。

天機會天馬，其動象更烈，主幼年離家，有天馬，六吉雖分離，未必壞事。因是海外工作、求學。天機巨門早年不利父母常爭吵。天機與六吉同宮，可獲長上提拔。

三、太陽星

太陽星代表比干、紂王的忠臣光明磊落博愛之人，五行陽火在天為日之精化為貴氣。於男命為父星子星。在女命為父星、夫星、子星，宜日生人為官祿主，此星最喜歡三台、八座、昌曲、魁鉞、輔弼，吉星會照。

◆ 在子宮（天宜）富感情，但不會感情用事，承受力弱，不會衝動生災，苦往內藏。

◆ 在丑宮（天幽）與太陰同宮，有忽陰忽陽之性格，不易捉摸，但較心思細膩。

◆ 在寅宮（日出扶桑旭日東升），與巨門同度有朝氣活力，若不見煞易成名，利海外或外國人圈子中成名。

◆ 在卯宮與天梁同度（天烏）也叫日照雷門，無論男女主大丈夫志，有多才多藝、名利兼有，男命英俊，女命較陽剛之貌，較不利於婚。

◆ 在辰宮（天爽）主名利雙收且少年得志。

◆ 在巳宮（幽徵）對宮巨門，有早露鋒芒之象，利海外成名或受外國人尊崇。

◆ 在午宮（日麗中天）格局不凡，氣魄不凡多奔波，收支開銷均大，有眼疾。

◆ 在未宮（天輝）太陰同度，名大於利，也是性格不易捉摸。

◆ 在申宮（天暗）巨門同度，因太陽已無光，沒寅宮志大福厚，做事缺恆心。

◆ 在酉宮（九空）天梁同度，陽光盡失無法解天梁之暗，故六親有所不足。

◆在戌宮（天樞）雖無光芒卻可藏名得利。見祿存、化祿可富有眼疾。

◆在亥宮（玉璽）和戌宮一樣藏名得利，發於無聲無息中。

太陽在亥戌宮，有祿存天馬化祿，反利經商發達而名，但道德不計。

若太陽化忌更有四煞，主眼睛不對稱之象（脫窗、斜視、大小不一）。

太陽廟旺守命性格具硬朗男子氣概，但對人仁慈、有君子之風度，秉性聰明，見昌、曲化科更有大智見吉曜利公職。從政必有成，反經商不利因太陽主貴不主富主名不主利，上述以日生人比夜生人佳。在午宮太陽要更見化祿及祿馬才富貴雙全，而丑未、日月並度，性格難定。

太陽化忌不利父親及眼目有火星更是且性格暴躁。

太陽與火、鈴同度人生多挫。和羊刃易有紛爭。和陀羅同度主暗爭，落陷更嚴重。昌曲夾日月、輔弼夾日月，在未宮有貴氣在，在丑宮有財氣在。

在辰戌宮為魁鉞，夾在辰宮有貴氣，在戌宮更見祿曜天馬，適從商有發財機遇。

女命太陽居命廟旺，和男人性格一樣，爽朗不拘小節，心直仁慈，但缺女人之陰柔魅力。

太陽無論落陷與否和火星同度，性剛而烈，人緣不足，做事不能轉圜，再有鈴、羊、陀，更惹重大事故，同時再化忌，更因感情而誤事因妒成恨玉石俱焚，或手刃情人，女命太陽化忌對男親刑剋最大，無緣刑傷，少年剋父，中午剋夫，老年傷子以遲婚偏室為佳。若太陽會六煞、天刑，反會服務社會或普渡眾生，因婚姻不美甚至終身獨居，故有全心投入社服工作。

太陽會空、劫多出塵想法和天梁同度拱照更是如此，有可能出家或也可能傳道傳教之人（修女、宮廟服務），或在此組織工作之人。太陽會鈴、羊、陀，性格嚴肅不善男女之情，情愛多寄情福利事務。太陽落陷之女性，如果在破軍運限成婚，有非禮成婚（反對、私嫁娶、同居）。在大運流年遇太陽陷與羊刃同宮，主橫爭破財，與陀羅同宮，主小人侵害，與空、劫同度做事虛空，與火星同度，主頭昏，太陽化忌尤確。

太陽化忌的小孩在15歲前拜帶貴氣星（龍鳳、思光、天貴）之人做義父母，開運宜赤紅、黃，住宅宜高處，要陽光充足。

太陽利男命較不利女命，因有奪夫權之象，太陽化權更確。女性太陽落陷又煞多，男士最好避免娶此女性。

太陽喜紅、黃，且居高處有日照為佳，為開運之法。

太陽巨門加三台、八座，又有龍鳳，在寅宮交會（龍圖入相）格，宜政治外交工作。

太陽天梁在卯，又有祿存、文昌加會「陽梁昌祿」格，是專業人仕或很會讀書及參加考試之人且能任高官，若再有龍鳳、恩光、天貴更確。

若太陽巨門在寅宮，又有文曲同宮或在財帛宮叫「泛水桃花」格，若再有天馬在命或遷移，女命可能為風塵女子，或很開放之人。

太陽化祿或加祿存在午宮「金玉曜日」格，可從政經商財官雙美。

本命太陽化忌或逢大運流年時，不可居住陰暗住所。

太陽喜鳳凰花、向日葵、太陽花可增磁場利考運、權威、官運，但在戌、亥、子三宮之太陽，不宜種向日葵。

太陽加龍池，可養魚助運（血鸚鵡）會有祿存，可發大財，無祿存可從政，或在其方位養銀帶、紅龍，可求當選。

若居酉命宮而子女宮在午有太陽，可在酉宮方位，安床在此可生子，或在午宮位安空嬰兒床也可得子，但嬰兒床宜乾淨，不可放雜物，否則胎死，求女以太陰同論。

◎兄弟宮有兄弟，但有孤辰、寡宿則不一定。有輔弼，則多手足，入廟旺有成就亦有助益。

◎夫妻宮若有天姚、咸池較有師生戀。以入廟為佳宜晚婚，或沒有正式婚姻更好（此點要遇煞），若化忌又落陷三方又有煞，主戀愛多次且挫折多，太陽化氣為貴，男命可因妻得貴，女命主遇榮貴之夫，但不可以化忌及陷，男命多離異，女命刑剋夫，若女命太陽化忌又遇桃花文曜防有非禮，遇色狼之事。

太陽見昌曲，主配偶俊秀儒雅，但見陰煞、天虛、鈴星，陀羅主配偶相貌粗鄙，略有猥瑣。若見天馬感情始熱終冷，常有分離，聚少離多，若會諸吉且又鸞喜，主感情良好，且多情趣。

若在亥宮，易有感情困擾及丈夫多災病。

太陽化忌在夫妻宮為配偶所累甚至一生，大運流年逢之則不一定為配偶可能旁的男人所累。女人夫妻宮太陽化忌為男人所累，而男人命盤夫妻宮則沒事，但主自己運低但不是為妻子所累。

男命主妻子（落陷太陽化忌）多疑，而女命主丈夫運（滯多災病），但行運到四大運武破時，若武曲化忌見天刑又逢煞，代表此大運丈夫會因病而不能人道。若遇破軍宮限內主非禮成婚，但非禮成婚反主婚後幸福。

在子、午宮位，午宮佳不論男女配偶，性情爽朗、樂觀、愛熱鬧。婚前火速熱戀，但婚後較不顧家室，配偶有慈愛喜助外人因對宮天梁之故。

太陽在子宮，配偶招惹事非，與妻家或夫家兄弟不和，也反映出配偶較無人生遠慮，且人緣不足。無論太陽在子午宮，在天同巨門運為夫妻宮時易有波折。

太陽在丑、未宮，男命喜自己太陽旺，主配偶不吉，女命主婚後有感情變化或配偶不負責任，或親家不和。在丑宮太陰入廟主丈夫不顧家自己擔起養家責任。在未宮太陰陷，而太陽旺，代表丈夫有地位，對家庭沒責任，在未宮女命很多是小三、外妾。無論在丑未皆主配偶猜忌心大，以借宮更明顯。遇羊、陀，主人離財散，以太陰在丑宮為最。

太陽在寅申宮，常與異族通婚，常有為口舌是非而離異，較有刑剋因巨門故。陽巨在夫妻宮見三吉化或祿存多見吉星或右弼同宮，主夫妻和諧為特例。

太陽天梁在卯酉，主常爭吵到一生不分離，且陽梁有破鏡重圓之象，在流年大運見之，也主配偶重病意外災但無恙。陽梁主別離故有「思想、體型、年齡、出身、興趣、種族、學歷」差異或少夫老妻、異國婚姻、一文一武，有上述之差異性則婚姻較吉。但借星之陽梁，除有上述不協調性，但可能離異刑剋也重，陽梁不宜與羊刃、天刑同度。與天刑同度配偶無趣對方外貌出身差異大，宜年齡差距大才能化解。與羊刃同度刑剋劇烈有災難不和有爭，若聚少離多較好。

太陽在辰戌宮，在戌宮主自己不吉非配偶，在辰宮見吉配偶能忍，在戌宮又見煞，則配偶不能忍有婚姻問題，宜女命嫁長夫，男命娶少妻。辰戌宮夫妻多口舌爭執猜忌大，戌宮更是。男命太陽化忌，主自身病災，導致感情缺憾，而女命主丈夫拖累自己或夫不能人道，感情冷淡。

太陽在巳亥宮，在巳宮很多是沒有舉行正式婚禮，而亥宮不吉易離婚，且婚姻有缺陷或配偶有缺點，逐漸發現到最後生厭，大運流年亦同。在亥宮不宜早婚，在巳宮主配偶有崇高理想，男命得賢妻，女命早嫁貴夫，無論男女主配偶多忙多應酬。

在亥宮配偶多不實幻想、無事忙且志氣不高，宜專業技能、專科工作。也主配偶才學不如己，常有困擾麻煩，最不喜陀羅、天馬同度，皆不安於室傾向。

◎在子女宮生男機率大，有太陰紅鸞易生女，逢羊刃加化忌極可能無子，或剖腹產，在廟旺有子貴，落陷為子女而煩且不好教育，且感情不佳加鈴星更驗。

◎在財帛宮，主固定財宜領薪較不易聚財，因太陽為貴，不喜遇巨門主財方面，有競爭多傷神，有昌曲化忌，不宜作保或跟會。

◎疾厄宮太陽主頭、心臟、眼目為主，加火星為眼目發炎，鈴星砂眼、結膜炎；加火星、地空為高血壓。若加地空為頭痛；加地劫為心臟缺氧；若化忌又有煞為心律不整。太陽加輔弼羊刃化忌破碎為心臟瓣膜破損，太陽加昌曲輔弼化忌為心肺腫大。太陽加空亡、陀羅化忌為心肌梗塞、狹心症；太陽巨門在寅宮，遇火陀主精神障礙、意識不清由高燒起。若再有大耗、空亡會神志不清再有天刑會自虐，制化在東北方，放桶水每三天換水一次；若人已昏迷，用一桶水置於命盤火星位上在房內。日、月在丑未宮又有空亡，破碎化忌同宮有夜盲煞多嚴重，而太陽居午宮，又逢火星易中風半身不遂可在正南方放水桶每天換水制化。

◎遷移宮，利外出求名不利求財，有巨門才利經商，有天梁利科考，學習求名。有昌曲更佳，但陷位出外，多奔波，有吉星有成煞多忙而無成。

◎交友宮不適從政。有煞忌與下屬有紛爭，並受人恩將仇報。若有巨門會多口舌是非加煞更確。

◎官祿宮宜公教、公職有忌不要從政，加吉星主事業廣大，廟旺更確。陷位加煞，事業根基不實多成敗。會到巨門天刑口舌官非，但有吉星多助可經商，以進出口貿易為佳。

◎田宅宮，宜居高位且光線透光好的處所不可陰濕，有吉星助才可經營地產物業。若有巨門及吉曜，可開公司或置產於海外，也適合在外商公司服務。

◎福德宮，喜外動不喜靜，奔波勞碌加吉星充實有獲，且人也有慈愛之心，行事光明磊落，陷位辛苦且少獲也勞心，再有凶星，更有心神不寧、疲於奔命。

◎父母宮，陷位與父緣淺，若再有煞及夜生人更是如此，與上司長官也有衝突，易有大壓力，太陽天梁別人易誤解自己。

太陽巨門加吉星，學語文找外國人教較好；太陽巨門化忌，以自由業行銷業為佳。

四、武曲星

武曲星代表武王、文王次子，剛毅正直、主觀，太剛則孤寡、速戰速決、堅毅不拔、不服輸宜軍職也人緣不佳與親人寡和。

武曲星財帛主，乃求財之星是動力、奮鬥、開創之財，若此星化祿或得祿存，再有天馬主富及發達。若化忌則不利財，也主事業有進退失敗之可能，但若以屠夫、軍警、工業，實業保安，則或許有成，但不宜從事財務、經濟、金融投資生意不利財運，也不喜與空劫同度或會照會將財氣空掉，其次羊陀，因為財常有紛爭若六煞均會就非常不妙也。

武曲在辰戌宮，是獨坐容易成為上格，若會六吉及三吉化為上格，但無輔弼、魁鉞，就不宜只見昌曲，因文武星有不協調性，易流於三心二意，欠缺決斷力難成大事。

在巳亥宮與破軍同宮，較難成上格，宜一技之長（有專門技藝），一生也無憂。武曲會四煞宜技藝謀生否則苦難。若在卯酉宮與七殺同度，見貪狼、廉貞在財宮，若更有祿馬、輔弼、魁鉞，主身體肥胖有氣魄有膽識作為（英雄末路遇貴人），武曲會六煞、天刑，以軍警、屠夫為佳，再有化忌更確，絕不可從事商業行為，另外武曲化忌之人，常有意外血光災，若會六煞、天刑更確。武曲天府在子、午，有壽見天壽更確。若武曲貪狼化忌不主武貪格，不發少年郎，需不化忌主30以後可慢慢發，但關鍵在30以前需努力若好享受也不能發。

武曲宜男命不宜女命，在女命太剛剋，不利婚姻，若得輔弼，可為女中豪傑，但命格強更不利婚宜遲婚。武曲會三吉化及天刑為「社會聞人」因軍警而聞名。不見天刑主其他方面聞名，武曲有孤剋性不利六親，陷地逢四煞，幼年可能離開父母親或感情不佳亦不利婚難結交異性，晚年子女緣淺。

武曲最喜祿存化祿，其次魁鉞（機會），此星在命、事、財三宮得祿及魁鉞可因機遇而發。

武曲除卯酉宮位，一般都主音高量大，但卯酉會比較胖。

武曲得六吉曜，利財經、銀行、商界、金融業，或從事文化，出版、教育、採訪（文昌、曲）工作，但涉及範圍以金融、經濟、汽車資訊為佳。

武曲在四墓庫（辰戌丑未）與貪狼同度拱照，以遇火星為上格（火貪格），主暴發、突發，但再見六煞化忌，橫發橫破，若會鈴星為「鈴貪格」，不如火貪但也不差。

在卯酉，逢化忌再遇四煞、天刑、大耗（木壓雷驚之災），樓房倒塌，墜物或觸電，若武破更有化忌，再見四煞亦注意外。若再有文曲注意溺水、投河（福德宮凶），武曲破軍化忌逢煞，人緣不佳，一生多是非。

女命武曲化忌（陷），會昌曲、桃花（行為輕蕩）私生活放任，若見三吉化及天刑可自律事業有成。男命要小心色災尤其中年後，流連風月或外遇。

大運流年武曲化祿，再遇吉曜主發，若化權，更見吉曜事業發展順利。若化科則利升遷考試，但化忌再原局不吉且有凶星，則事業有困頓失敗之象，若化忌又遇羊陀易因財官非獄災。

武曲五行陽金財星乃經營開創之財，也主孤寡個性剛毅不屈，對人直爽，喜藍白、金黃色。

生兒育女制化：久婚無子女之人可能睡在武曲位，或子女宮有武曲星，而臥房在此。

武曲加孤辰寡宿早年守寡，有陀羅可能不會結婚。男命可以再婚。若武曲化忌宜遇化祿、祿存。武曲文曲（雙曲拱命），宜律師、代書；有天刑，律師機會高，武曲化忌，會傷到骨，再有陀羅更確。武曲化忌鈴星有破傷風或細菌感染。

武曲加陀羅、右弼，化忌為骨刺。若加火星，關節炎、風濕。武曲為四肢、關節、肋骨若化忌有麻痺抽筋之象，武曲加鈴星化忌，天刑、細菌感染。

武曲加鈴星化忌輔弼為腫瘤。

武曲天馬，四肢無力，尤其天馬在絕病宮位，要用運動化解。

武殺逢火、鈴遇大限忌掉入易得肺疾，在本命三方最嚴重，一定會得再以同宮最烈。

空、劫忌加羊刃、天刑有截肢可能，再看有截路更有可能，再有破碎（粉碎骨折），以上組合以陀羅代替會行動不便。武曲入子女宮，加羊刃加絕皆無子或少子，再有化忌就無子。若武曲羊刃在子女宮用剖腹制化。武曲加空、劫同宮會照有煞時，防骨折脫臼，地空為手，地劫為腳。武曲喜入田宅宮，宜住金融中心、財經單位，可增財運在銀行旁或樓上更佳。

武曲在財宮，該方位有銀行或此宮位放金庫可增財源，但有空、劫忌，不可用此法，若無法對到銀行，亦可放撲滿、保險箱，住家、公司均可，夫妻臥房不可在武曲位若已在此位，就更不可以放「孤挺花」或松柏，但配偶有外遇可制化，若小孩不愛讀書靜不下來，可在其武曲位掛松柏圖讓他靜心。

◎ 兄弟宮手足不多若武殺會有火、羊刃，兄弟有財爭。

◎夫妻宮在子、午宮，皆主配偶缺情趣，但算是稱職伴侶有天刑更無趣。武曲見天姚主自由戀愛不可媒介。有段時間夫婦間有感情挫折。在丑未宮有婦奪夫權之象，女命，若福德宮有桃花曜，女人自己奪夫權，自己惡且有桃花，若夫妻宮見桃花自己奪夫權，但丈夫有桃花男命同論。女命自己有桃花要嫁少夫，若夫妻宮有桃花宜嫁長夫（10歲以上），在寅申宮，男命娶美妻，女命若與夫年紀相仿感情普通會聚少離多宜嫁長夫或少夫。凡武相居夫妻宮，有不登對現象，氣質差異或身材。

不過武相在夫妻宮，不論男女皆主自己為遷就配偶，甘願捨棄至親好友而執迷不悟（師生、不倫戀）也無悔，此點是盲目或理性，需看福德宮之紫微有無百官朝拱。

在卯酉宮武殺，見輔弼、文曲、天鉞、八座、天貴、恩光生畸戀，只要

2～3顆便發生。在命宮出現也可能或橫刀奪愛。若武殺在命此可能畸戀或橫刀奪愛。在辰戌宮，有不利婚之性質。武曲在夫妻宮最怕「鈴昌陀武」，女命不利夫且有重挫，大運流年逢之更不利。在辰戌宮最怕行經破軍運，有感情起變化身旁伴侶生變；若有祿馬交馳皆主配偶財氣強，但不利婚有重利重色宜遲婚。如能三方會祿諧美否則配偶吝嗇自私或搜刮或左右配偶之財。

在巳亥宮，亥不如巳宮，在行經太陽子宮大運為夫妻宮時，或破軍在子為夫妻宮，行亥宮為夫妻宮時為確，多主無媒苟合，或多移情別戀，因太陽失陷較有災難性質，如有鈴星、刑、耗交侵化忌，主被強姦非禮。武破主與配偶性格不合有刑剋，當三方疊馬化祿遇煞，對身邊人不滿易受外面勾引追求。武破見火鈴得不到閨房樂趣有名無實，武破不喜太陽、太陰之運限，遇煞忌易分離宜遲婚或同居。

◎子女宮，子女少有孤寡更少，但一定有子，但有化忌及羊刃，亦主生女。武破、武殺子女難溝通難和睦，若加輔弼可得子女助，如有祿馬交馳子女早獨立成就不凡。

◎財帛宮有化祿、祿存、輔弼財旺，最怕化忌，次怕羊刃、火星，當遇廉貞大運流年逢化忌時，要防酒色財氣、賭而破財。

◎疾厄宮，有關節毛病，加鈴星易受傷，加火星高燒及呼吸道感染，有昌曲再會四大凶星有韌帶受傷。

◎遷移宮，可以外出發展為經營之神但辛勞，再會財星有成就，有羊、陀必有紛爭逢化忌更確。有羊刃化忌再有天刑則外出易因財務問題有官非，有空劫外出勞而無獲不宜出外。

有輔弼可與人合資，其僅是會照主多方財源，流遷武曲化忌而本命三方有廉貞化忌小心車禍，再有煞多有生命危險。

◎交友宮，因武曲性孤與六親易有財糾紛，本身貴人不旺，加昌曲化忌易受騙。

◎事業宮有魁鉞宜金融單位財政，有昌曲宜文化事業，在命同論。加財星宜貿易，又廟旺與羊陀四墓庫同宮宜武職，有文曲在命或事業宜證券、財政、金融。

◎田宅宮有六吉旺盛可做房地產投資，有右弼、天姚會養小三，有魁鉞買高級住宅，有昌曲會買在文教區，如學校、財經單位旁，未逢空、劫，忌一定有房子，逢之難有；以武府或武貪喜在田宅宮，若有輔弼及天姚會有小三、小白臉或被包養，但沒天姚、咸池，則多處有房產。

◎福德宮有錢但精神空虛孤獨再有孤寡、哭虛更是，有化忌精神為財壓力大挫折感大。

◎父母宮不利緣薄，尤其加破軍七殺更確，會常換老闆，加煞就會。

五、天同星

天同星代表周文王，乃福星益壽星，有孩子氣人懶散、意志薄弱，有好享受之感，缺志向遠大。

天同之福乃清福，是辛勞過後晚年得福，為福德宮主，主精神上享福，而非物質之福，在命宮主溫和，若天同化祿較不懼羊刃，尤其天同太陰同度，午宮不畏羊刃，但化忌仍懼，尤其化忌主對感情破壞力大，在午宮無正曜，只有羊刃獨守，而對宮為天同化祿與太陰同度為（馬頭帶箭）正格，若命在午宮，有天同化祿太陰羊刃為偏格。若命在午宮，有貪狼化祿羊刃亦為偏格，此格局為國效力，掌兵符大權，在武職及工業上能有一片天。

天同坐命之人較肥胖些，無論男女體型豐滿，若有太陰同度或對拱，太陰入廟肥胖，若陷位則相反。

天同坐命之人比較柔弱怕事較無承擔力，得昌曲化科，思慮敏捷能學能成，但也帶一些感性，喜好文藝，有些不務實，天同天梁同度或對拱，主悠閒清福，若見六吉才主「福厚壽長」，再見天壽更長命百歲。若見四煞，反不務正業、浪蕩人生、好吃懶做。若會祿存(財福雙美)生活富足悠閒。

天同亥宮獨坐天梁拱照，若天同化忌，主孤單事業無成、六親緣不足，若女命更見鸞喜、咸池、大耗、天姚、沐浴易入風塵。若見六煞，則勞苦一生事業難發揮宜一技在身。女命天同易精神空虛但內心感情豐富，容易對現實不滿對情愛多幻想嚮往經不起誘惑。若再有昌曲，更加感性更經不起誘惑。不過女命天同會輔弼、魁鉞，則可相夫教子，再見祿曜可嫁有經濟不錯之夫，天同在子、午、卯、酉，得太陰拱照「喜修飾美容好打扮」，若太陰廟旺更是容顏美貌體態迷人，再見一顆煞曜更是絕代美女但婚不見得吉。

女命天同化權，則利事業性格，也較剛硬堅強。若女命同會諸煞空劫刑，因此人生多苦在婚姻不利（刑剋離異），事業也不濟，再見桃花曜，更易淪落風塵。

大運流年命天同坐守有祿者平穩進財見六吉順遂。見天馬外遊享受見鸞、喜、昌、曲、化科主生子或結婚，若見煞刑忌主厄運刑剋之。

天同坐命之人，可在其方位上造魚池或放魚缸，但不可加蓋，要陽光射入，若天同在田宅宮可住河邊。

天同加羊刃化忌：胃穿孔、血光之災，可置仙人掌制化。

天同加咸池，天姚易成偏房，有輔弼之女會找已婚之男人戀愛。

天同星喜少數煞星同宮，可激其鬥志及積極性。

流年子女宮有天同，該年懷孕生產以男嬰居多，若再有祿存，孩子帶財，天同加昌曲之人，博學多能長相福態，女命天同右弼多為小三，見煞桃花曜丈夫多吃軟飯。

可用白、綠色趨吉避凶，增加運勢。天同在辰戌宮位，有吉星又會煞忌會早發，天同一般屬胖型人，加陀羅會更胖。

天同有天福、加天廚愛吃又發胖，在福德宮或事業宮較無創業之心，加化祿更是最好，有煞同宮才可激起上進心。

天同宮位吉利，老時可臥房居此方位，較不操勞。

若公司員工留不住，流動率大，老闆可將辦公桌移到天同位，但化忌則不可，夫妻有天同紅鸞會早婚或臥房睡此方位會早嫁。

◎ 兄弟宮有兄弟極可能「陽星」，無煞手足情深有互助之力，反之煞多，即使有化祿同度也有財糾紛，若與人合夥合作，會和諧但無助力。

◎ 夫妻宮若單獨一顆星，需有一番挫折才能轉好美滿最好在婚前如此，例如：訂婚又取消之類，也可用先同居再婚較吉，也有可能小三扶正，另方面來說初戀難成婚，有上述狀況利婚後發展，若天同會四煞，再見化忌在夫妻宮則有名無實。如分居或配偶災變，若天同遇桃花曜，代表配偶能掌握閨房情趣，再有祿星，則過分沉溺無法自拔故不宜雙祿重疊，若無煞沖，必耽於慾樂。

在子午宮，命為太陽巨門，在申宮虎頭蛇尾，先熱後冷，在寅宮反之，子宮天同太陰婚前波折，婚後順利，反之申宮太陽巨門，會午宮天同太陰婚前較少波折，在子宮的天同太陰，要退過婚才佳，但午宮則不太需要，但有危機，宜夫年長宜配12歲以上，在子宮前面先年長的後面會是年輕的(和第一任比或同居對象比)，而在午宮可能第一任年輕比第二任。

在丑未宮命為陽梁，而夫妻宮天同巨門易離婚。

1. 因經濟。
2. 因配偶災病。
3. 因無名分而離故與感情無關，乃環境造成，雖離但感情仍甚篤，雖然天同巨門有口舌是非多爭吵但不影響感情，故分離仍是有些痛苦，但因有感情在，仍有可能復合，以大運流年見吉星，會有破鏡重圓之象，天同巨門在夫妻宮，女命主配貴人有社會地位，沒正式名份或再婚較佳。

若二婚夫有才氣且比第一次好，男命，二婚妻貌美。

在寅申宮命宮為太陽，夫妻宮為天同、天梁，有兩種狀況：新婚吉，另為老年吉，以看命在辰宮新婚吉，若申宮則晚年吉，中年聚少離多，女宜配長夫，而男命婚姻較遲，而二婚較一婚佳且，配偶比第一次年長，因天梁有監察性，當行經太陰流年命時，會苦戀之狀況，如一方移民海外，另一方為工作無法同居。

在卯酉宮，天同獨坐夫妻宮，而命為太陽，巳宮比亥宮佳，在卯宮宜早婚，在酉宮遲婚，否則不美，因巳宮坐命太陽之人會早婚，但都有可能主配偶移情別戀，但太陽在巳宮，逆行第四宮位，其夫妻宮是廉相對破軍時，則有可能移情別戀，而順行第四宮位為破軍對廉相，亦同如此，但必須見桃花曜，其中天姚、沐浴最要緊，其實卯酉宮位為夫妻宮時再遇桃花曜，主閨房有樂趣，若再有科星主格局高尚，主配偶具音樂才藝，懂浪漫詩情，對生活極具享受，若太陽亥宮守命夫妻宮，天同交疊且又桃花遍集當鈴星疊天馬入其福德宮在大運或流年俱主會沉溺色慾之中，必是不同對象（非妻子）。

在辰戌宮，天同一旦入天羅地網宮很難沖出，所以感情會不斷波折，且與配偶志趣不投，因命在子、午，乃太陽對天梁，陽梁即有別離之意。

在巳亥宮，天同獨坐，而命宮為太陽太陰，因受太陽太陰之影響，夫婦在體型、學識、財富、興趣皆不相配出身也有差異，且巳亥另有親家也不和之意，若命宮太陰太陽要能陰陽調和，要六吉會而文武百官全（恩光、天貴、三台、八座、台輔、封誥、天馬、天福）故很少能如此，所以會影響夫妻的不相稱，若辰戌天羅地網遇煞，想藉煞星之力沖出天羅地網，反不吵會由吵架演變動手打架，女命天同加右弼，易為小三，或嫁不長進之夫。

◎在子女宮一定有兒子（陽水之星），再有輔弼兒子多，而子女易有才藝帶些藝術天份，喜昌曲增加才華之力，喜魁鉞增加子女成就，子女會孝養，有煞時子易有傷災；若有火、羊，則會流產。

◎財帛宮，可賺錢輕鬆財，有不勞而獲機運，宜美化類產品（服飾、化妝品、藝品）之經營，有火、鈴，則辛苦賺錢；若經商宜帶有生活享受用之商品。若天同加天刑、鈴星，宜護理、保健工作。有巨門，宜吃或傳播事業，有太陰，則做和女性有關之生意。

◎疾厄宮，與胃腎相關之疾，有陀羅、地劫，胃下垂，若有羊、火，胃出血，再有煞忌，胃穿孔（可用仙人掌在天同位制化）。

◎遷移宮，在外有玩樂及人緣，但有羊、鈴，女人遇非禮之事。男命，遇扒手；若再有天姚，則男人自己去非禮別的女人，與巨門同宮外出多口舌，與天梁同宮容易浪跡天涯常不在家。

◎交友宮，主人緣不差，也與親友間友好，但不喜巨門易有誤會產生，煞多易交損友，有太陰則有知交。

◎事業宮，因天同是享福之星，宜帶有美觀或享受之事業，有天廚飲食文化也代表口福，若身宮在此更是且易胖，有煞時是因胖產生病也宜服務業，有昌曲、輔弼，宜仲介買賣或文化傳播業；有四大凶星，宜製造業。

◎田宅宮，宜住水邊（有化忌不可），無煞湊有房子，可選大運流年的田宅宮置產會買到合意之房。

◎福德宮，無煞知足享福，悠閒自得其樂，有昌曲喜文學藝術，有魁鉞有教學之樂趣（師尊），有輔弼易有桃花，再有天姚為桃花忙不完，但不可見火、羊，因桃花有糾紛，有空劫，因桃花破耗錢財；有輔弼而又化祿，可享受桃花幸福，有巨門主精神不愉悅有挫折感，或內心痛苦，尤其更厭陀、化忌自尋煩惱，有化忌會煩躁不安多是非紛擾。

◎ 父母宮，有鸞喜，主母貌美，父也帥氣有親子之愛能得父母之緣。

六、廉貞星

廉貞星，乃是封神榜代表人的賈仲，是奸臣，也是次桃花星，象徵酒色財氣，有好強硬性不服輸之象且口直心快，對物質有貪欲較現實，也易有法律上問題，及血光之災，較易得腫瘤，其化氣為囚，具有煞氣，有一定程度之武職和血光之災，此星帶有些許藝術，也可能晉身娛樂圈潛能。

廉貞五行乃陰火會火、鈴、羊陀、天刑、化忌，尤其化忌，主鼻稍露顴骨突出或眉露骨，也較浮蕩、暴躁、易紛爭、缺禮節，若見桃花曜，易在男女情愛中常越矩，廉貞天府主內心寬厚見輔弼更確。若再見昌曲化忌同度更有陰煞，則表裡不一較虛偽些也算是笑面虎。若貪狼同度，外表圓滑，見昌、曲、科更圓融，再有鸞喜同度，更易吸引異性。若再見煞忌女命易入風塵。

廉貞在寅、申、未宮「宜武職」，若煞忌逢或見天刑更適合軍警、海關、保全，但見六吉星、祿馬、三吉化適經商或大機構任管理職，且態度嚴謹不馬虎。廉貞七殺在丑、未宮，會祿曜為上格，尤其是未宮乃「雄宿乾元」格，但見煞忌及天刑，則小心有死於非命之危（遭人謀害，交通意外），但廉殺女命無論見忌煞與否，皆主意志堅強而美麗，見煞忌多也小心命有意外且婚姻易生變數，若廉貞會昌曲，除有才智且好禮義，更有桃花（鸞喜），雖具桃花性仍優雅不做猥褻邪淫論。

廉貪在巳亥宮較漂泊無根，因兩顆都是桃花曜，較有「紙醉金迷，流連酒色財氣」，但見吉曜吉化仍有作為，廉貪見天姚、咸池、大耗、火星、鈴星、羊刃、陀羅、天刑才主因酒色、賭博、有訴訟之爭，也會因色招災(亥宮)，乃泛水桃花格，在此安命宮之人，見天刑易因色有官非，見天月因色生病，見天虛因色受騙有財之損失。

在廉貞的星系組合中以廉殺、廉破均具殺氣重，但吉曜吉化仍有幸福人生，且事業重大成就富貴雙全，不一定會「客死他鄉」，但見化忌四煞，就需小心「不測風雲，刑戮之危」，即使避重外遊，也可能因病手術而不利之剋應。

廉貞破軍天刑同度卯酉，就需一生小心意外之災變，若見廉貞化忌更確，廉貞化忌有膿血之災十二宮均如此，可能是毒瘡出血或便血、肺部出血，此狀況需見羊陀。

廉破、火星、天刑、坐在陷位，主人生有重大挫折，可能引發自殺念頭。此點加羊刃化忌，同宮或會照此兩組合，易有小偷行為。

廉貞化忌之人好賭，而廉貞坐命喜肢體運動（跳舞）。

廉貞星可用青、紅、黃、橘色系增加個人磁場或擺虞美人花，在此星宮位為不宜有雜物、儲藏室，尤其煞多更不宜，會脾氣暴躁及神經痠痛。廉貞逢四煞、忌易為黑道宵小之輩，並有強烈報復心態具攻擊性，尤其有羊刃、火星坐夫妻宮男命會家暴，女命大運逢之被老公打，但有貪狼或破軍化權時是女人打老公。而廉貪加化忌、空亡、破碎，會冷感而不想結婚。若廉貞加華蓋在田宅宮易住在廟旁（垃圾場及墳墓），若此宮吉多無妨，煞多不可住在此。而廉貞所在宮位，也易安置爐火，有火星旺象，主出美食且帶財運宜保持乾淨，三方四正多吉時，才可安廚房在此。男命在田宅宮廉貞加右弼或天姚會包養情人，女命被人包養，但女命有此組合，而財宮又有大耗、空、劫時，會養小白臉。大運流年逢之同論。女命坐此星組合是小老婆命機會大。而廉、火、陰煞易生火災，火災是別人燒過來，無陰煞則是自己房子起火，是否會發生火災需參考看福德宮吉凶？

廉貞在子、午宮與天相同度破軍拱照，在卯酉廉破而天相拱照。

丙年化忌，在子宮有羊刃拱照，在午宮有羊刃同度煞氣重，因受破軍影響有「橫發橫破」之象，更見空劫、大耗，尤其不利。

廉貞在辰戌宮、天府同度氣魄大充滿想像力，更見六吉曜、祿馬、三吉化可以憑空打天下，成大事大業，其事業內容模式宜與眾不同方之方法模式，女命亦同論。而女命得昌曲化科，機巧聰明遇輔弼相夫教子貞烈之婦，但廉貞會六煞、天刑不利感情生活婚姻要小心。

廉貪、廉殺、廉破更見昌曲不主刑剋離婚，必須見煞忌、天刑才主婚姻不美。

大運流年遇廉貞若得祿存化祿天馬利財氣，若有魁鉞輔弼才主事業發展、地位提升，但會天刑及化忌主膿血之災（肺病吐血、胃病出血），而會四煞刑忌，若原局吉利有官非性質主有牢災或訴訟而不必坐牢，與破、殺、貪同度性質較重。

廉貞乃陽木陰火，廉貞加陰煞、鈴星同度的組合主家中失火，巨門加火星也是如此。即使行運到此無化忌也可能失火，也可能家中常宴客，走此運可開餐廳趨吉避凶或家中常請客。

◎ 兄弟宮不喜與火星破軍同度主仇怨，無煞手足感情可但較少助力。

◎ 夫妻宮廉貞帶有「囚殺」之味故剛決，又具桃花野性本身具有矛盾性質，能調和此矛盾性之星為昌曲，皆主感情豐富敢愛敢恨，其次見化祿再其次見祿存為佳，可使夫妻感情深厚，凡廉貞在六合宮位與天梁合會，以太陽旺廟則六親會較融合。無論男女夫妻宮廉貞加桃花曜，皆主配偶有桃花，若福德宮有桃花是自己有桃花。

在子、午宮廉相同度，命為七殺此乃有變化帶有背叛性質，所以見煞、忌、昌、曲、輔、弼皆為易有變化，離去或配偶不忠，若煞重主夫妻相爭執厲害，此位可能無子有女，若夫妻都是廉相夫妻宮，見煞很容易生弱智小孩，「子女宮」同論，即使不在夫妻宮，子女宮行運走到亦要小心，廉相居夫妻宮，宜見化祿及祿存能使夫妻感情升溫。

在丑未宮廉殺同度，命宮為借宮之紫貪，此種組合唯有見三吉化始可轉吉，遇六吉無效反而可能有第三者，若廉貞化忌主重大挫折。見化祿女命主夫善理財務、有祿存同度喜控制財務不會多給太太（精打細算），吝嗇之人。

在寅申宮廉貞獨坐命宮為破軍，男主清白格，而女命嫌夫無情趣，在寅宮入廟對宮貪狼陷精神重物質，反之在申宮同論，因其命宮為破軍對天相，較有背叛、挫折較專橫主觀，若感情真出問題要用理智來克制一般不太會有重大波折。

在卯酉宮廉破而命為天府，此為一組失卻理智組合（感情勝理智），容易衝動意氣之爭而不和，再見煞更烈，若見六吉曜之單星，主配偶有外遇，乃第三者侵入夫妻感情中。

此廉破在夫妻宮會因失意而導致配偶起感情變化，因經濟條件變差，向配偶出氣發生感情變化，非真因貧窮而引起變化。

在辰戌宮與天府同度，而命為貪狼簡言之，因「交際」而不利夫妻，因廉貞乃感情，天府乃財庫，當兩者相遇便容易結交朋友與人發生情感，若在見桃花更會因交際而惹上感情困擾，在大運流年遇廉府都易與有家室之人戀愛，若自己廉府居夫妻宮是自己與家室之人曖昧，若是命宮則為一輩子男女同論，唯見廉貞化忌或本命貪狼化忌，才可改變性質，若命貪狼化祿則桃花更強，有天刑稍能約制。

廉府在夫妻宮見輔弼見煞忌主外遇。

在巳亥宮廉貪命宮為天相，在巳亥均陷位容易因精神物質引發爭端，再加上命宮紫破故較易撕破臉，要見地空或廉貪之一化忌才能避免配偶外遇之可能性。

凡廉貪要論婚姻危機以根據大運流年為準。

非貪廉在夫妻宮即斷其不佳，因此組星代表藝術，可以是書畫家、藝人、娛樂圈之人，所以要看配偶工作性質，一般來說是會比較多桃花。

凡廉貞星系在夫妻宮男命宜娶小8歲之妻，而女命嫁年長之夫。

◎子女宮與子女情感佳有磨擦易化解，但有鈴星積怨深，有火星子女或晚輩會以怨報德，且子女不多。

◎財帛宮主競爭得財，有煞易被侵吞、被偷，逢煞忌有財糾紛。

◎疾厄宮逢煞主腦神經衰弱及神經痠痛病症，不喜有空亡同宮加忌會神經衰弱及幻想，記憶力也差，再煞侵老人癡呆症。加火鈴同度主神經痠病、五十肩，當有天馬病同度，三方又有空劫忌，小心半身不遂，若遇「羊陀忌、羊火忌」加空亡，而沒魁鉞時易成植物人。

廉貞加陀（骨頭痠痛、風濕）加空劫貪狼，腰痠背痛，手腳冰冷，廉破主腹部疼痛，廉殺肝膽疾，廉貞加火星、昌曲、化忌均主韌帶傷、廉貞天馬加病或絕主四肢痠痛。

◎遷移宮異鄉可成名，若廉破加羊刃、天刑之組合，當化忌入宮，時有傷災，若廉殺在逢雙化忌時，小心交通重大意外。殺、破、狼組合加文曲化忌，小心上當受騙或掉東西。

◎交友宮，人面廣人緣佳，但知心友人少，有煞時易交損友，或受下屬拖累，而交友要小心，勿耳根軟。

◎事業宮，具有商業性質有化祿可經商去熱鬧地方發展。或一級縣市勿待鄉下，加貪狼宜公關交際、娛樂事業外，加天府，宜金融事業、證券業。加七殺、羊刃、天刑，宜法律方面。

◎田宅宮，廉貞不喜有煞，否則易住居環境不佳氣場濁亂，有火星小心火警。

◎福德宮，主忙碌；會到貪狼更是如此，加七殺再有陀羅化忌、會常有心事煩困。若不會煞加昌曲科，會在忙碌中去學習東西打發時間及充實精神層面，一般廉貞在此宮位較有桃花緣且注重外表裝扮。

◎父母宮，較不得父母上司關愛，有煞加重刑傷。若與天相、天府較好，其他組合不利，若與殺、破、狼，同度緣分淺，再多桃花主父母可能有桃花或分居、分離。

七、天府星

天府代表姜太后乃紂王賢能妻子被妲己害死，代表財庫個性穩重敦厚(肉型)，重名利有高傲自賞心態，能有處理事情能力不依靠人也不偏激衝動愛惜財務是理財好手，更愛面子也給人面子。

有一特點，天府坐女命，大部分有長個豬膽鼻，有種純情之美，不是冶豔之美，天府乃財庫有儲蓄之本意。引申有保守穩定，紫府同度有六吉宜公職或大機構任職不宜經商。

在戌宮與廉貞同度，有良好事業才能見祿馬能經商亦能成富，可成商業鉅子。天府非藝術之星，性質保守欠缺創意，即使見昌曲化科、龍鳳乃匠人而非藝術家，但非具藝術美感之工程師，天府乃陽土是南斗星主也需得百官朝臣，來增加其領導能力及開創人生之機遇。

在巳亥宮獨坐，紫殺在對宮，有貴人扶持亦有長壽之福與天壽同宮更主「長壽」，紫府在寅申宮較清高自賞自以為是不服輸又欠缺大氣魄，有昌曲科宜為人師，在酉宮天府陷獨坐，此乃天府最差結構其保守個性流於極端，為求自保及個人安全感，反成「善謀奸詐」，需見四煞為確，尤其更有昌曲化忌、天姚、咸池、陰煞有偽君子之嫌。

天府雖為財星但見空劫財破為空庫喜見祿曜，而見四煞為露庫（財不可見白），代表有人搶奪分散財氣也為破財之意，女命會空劫空庫也主孤獨六親緣份不足，即使煞曜忌並見女命也非大奸大惡之人，只是求安全感方面受人爭議，其傷六親及婚不足晚景差。

大運流年天府坐命，見吉曜有升遷加薪，但不可過激之變動也非創業之期，若見煞曜多思多慮會因緩下斷決而錯失良機也不宜變動。

天府星喜淺黃、淺紅、黃褐色，天府坐命之人少碰喪葬之事容易撞邪，天府除了空庫、露庫（鈴星或陰煞），更主小人侵吞之漏財，但天府和天同有類似性質，不會一顆煞星有慵懶不積極少開創力之意，且會成守財奴，有顆煞反好使人有積極正面能量，在大運流年遇天府結婚較不易離婚，走到此星運限不逢空劫主財運不錯，公司老闆宜請天府坐命之員工會當會計、

出納管財務會錢越來越多，但不可逢空劫忌否則此人會挪用公款，若大門正

好開在天府位（命、財、田），可在其門口放一銅盤，沒事就丟零錢使其發動催財氣，因天府不化祿，製造化祿之象，或是常請朋友來家中泡茶、吃飯宴客常在門口出入此舉，有如輔弼出現，如果這些賓客之人有好命之人，就如魁鉞之助力及機遇是貴人財有助家宅運提升，若個人要佈局可在房間天府之位置放存錢筒、聚寶盆來催財氣（以天府不逢煞）論。

若營業場所的大門在天府所在宮位不逢煞，可將收銀台至此處或小費箱促其「化祿」之象，若公司也可將保險櫃、金庫放於天府位；也可在天府位置假山在文曲位放水，天姚位宜放花，或水池宜做許願池則丟銅錢催財氣。

在公司佈局上可將總務、財務或會計、出納，置於天府不逢煞之位上，或金庫保險櫃。

◎ 兄弟宮，有兄弟手足情深，有煞時兄弟中有人帶傷災。

◎夫妻宮，此星因星性較穩定故較少波瀾，但生活也較平淡少驚喜。此星居夫妻宮之人必為貪狼星系居命。「物慾之星」受命宮影響，很多時候物質享受夠，但精神享受缺乏。

天府在夫妻宮，最重要能得祿曜會或夾宮，而不可逢煞夫婦必能恩愛相守感情深厚，也很懂得人緣佈局(因貪狼坐命之故)。若有祿星來纏，男命得妻賢慧有助夫運，女命得夫寵愛彼此關懷，再有昌曲會則夫具才華。若天府與科同度主配偶多人氣信譽極佳。天府三方必會天相(印綬)，倘天相得祿可連帶天府受祿之惠有財氣，其人配偶也必有事業及地位。當夫妻宮天府不宜火鈴同度，倘再見桃花諸星主寵妾滅妻，或許離異也必藕斷絲連之色彩，凡天府必對拱七殺不宜早婚有刑剋，若七殺挾煞帶忌，會影響天府受挫折以天府不見祿影響更確。天府居夫妻宮又有天姚同度，主另有外遇但不影響正宮地位，即使煞重也主分分合合藕斷絲連。若天府與天虛天馬同度則有名無實但也不輕易離異，即使離也可有來往。若見桃花曜主其情人多，不喜見文曲化忌其人多為斯文敗類。

在子午宮、武曲、天府坐夫妻宮，命為貪狼，夫妻宮有武府星之人終生易被有家室之人追求，另一組天同、巨門在命宮之人也是如此，所謂有家室之人也可代表對方是離婚之人，但武府一般均仍有家室未離。

在丑未宮天府獨坐，命為紫貪，男命主美妻賢淑，但有兩種狀況：

一、仍有外遇但外遇條件不如妻子。

二、若離婚再娶第二任妻子比前妻更聰明美貌，且有助自己事業，首任太太賢慧歸賢慧但無助力其離婚或外遇非天府之因，而是福德宮天相對武破所致。因福德主思想精神生活，而此星系組合有反叛、決裂之性。女命夫妻宮在丑未，若沒上述狀況但天府陷位又見煞，也容易對先生不滿。

◎夫妻宮在寅申，請參閱紫微星系。

在卯酉宮天府獨坐命為廉貪主自己易有外遇，但配偶無論男女均溫柔體貼，因天府對拱為武殺，配偶會受外界因素受改變，一般主穩定但會受第三者外誘，但多會拒絕(天府星性保守穩定)，但自己本人廉貪則不然，主自己多交朋友應酬廣泛，在朋友引導下可能初始逢場作戲但仍不忠配偶，常有外遇對象比正宮容貌醜陋粗卑，只是貪圖刺激性罷了。

在辰戌宮參考廉貞天府。

在辰戌宮天府獨坐而命為武貪，主遲婚遲發，若天府見煞或命宮武曲化忌主婚變。(武曲化忌貧困而貪狼乃物慾星)，因追求物慾易生婚變，此時天府又見天馬、天月主生離死別。

在巳亥宮，天府為夫妻宮受命武貪影響皆主婦奪夫權男命懼妻，若命及夫妻宮有吉星會入更甚。

◎子女宮流年逢天府易生子，天府在子女宮也代表多之涵義可達五胎以上，見輔弼、魁鉞兩代之間感情深厚，子女孝順，見昌曲子女多才能。

天府武曲及廉貞同度，若見煞忌，仍有刑剋較輕罷了，天府會火、鈴、羊、陀、空、劫，有些刑剋主子女「性情倔強」。

◎財帛宮，主富善照顧自己的經營所得能積穀防饑，要見祿曜財庫豐盈可以成富，但天府和祿存同宮會形成吝嗇，天府和輔弼祿曜相會即有可能成大富格局乃多方財源，有魁鉞主求財多機運有貴人扶助，有昌曲以名求財或名利雙收，若和空、劫、大耗會這是天府最畏的煞曜結構比火、鈴、羊陀更烈，主生意破裂有經濟危機，也是最怕武曲、廉貞化忌同度小心也有貪瀆行為。

◎疾厄宮，逢煞主腦神經衰弱、神經痠痛，多煞有重疾，不喜與空亡同宮，若再有化忌，會神經衰弱及幻想，而也會失憶，再煞多有老人癡呆症，廉貞與火星、鈴興同宮一定有神經痠痛如五十肩，又加天馬病，而三方又會空劫且化忌又掉入廉貞宮為小心半身不遂，廉貞加「羊、陀、忌」或「羊火、忌」而未逢魁鉞及又逢空亡易有植物人之傾向。

廉貞加陀羅，骨刺、骨頭神經；加空、劫，腰骨神經。

若貪狼同宮，腰痠背痛、手腳冰冷。

廉貞加破軍，腹部痛；加七殺，肝膽疾；加昌曲及火星化忌，韌帶扭傷。

若加天馬，病或絕，四肢痠痛。

◎遷移宮，主出外得福見祿曜主外出得財，有魁鉞主在外遇得貴人，或武曲同度利海外生意，再見祿馬化祿更利海外求謀，若天府陀羅同度及陰煞，主陰謀受小人侵吞、陷害，有火星同度在外多意外損傷，和羊刃同度主人際關係不良，更遇天刑也不主官非指人際關係不良，天府天月主易水土不服、海外生病，流年天府在遷移宮可考慮轉換工作，有鈴星陰煞小心小人劫財，有文曲化忌出門有破財遭小偷，再有空劫、大耗或截路才主大破財。

◎交友宮，因天府性質穩定保守，主交友廣闊，會小心擇友，因審慎故益友多、損友少。得三吉化主得朋友助力，但不宜紫微化權，會被奪權或受制於人，化祿因友得財，化權因友推助事業發展，化科利於學習。

若見祿曜主友忠誠，但見六煞則交小人受人侵吞，尤忌空、劫、大耗，把財破耗，若再武曲廉貞化忌更加嚴重。天府會火、鈴、羊陀、天刑，主遭人以德報怨。即便再有六吉曜、祿馬，也無法改變此情況。主朋友一正一反，天府在交友宮時，也參閱天相位（陷、煞多），會遭部屬朋友拖累，尤其在財務方面。

◎事業宮，因星性保守，欲見大事業需見三吉化及祿馬及六吉曜，即使上述均會要開創新事業也需注意。

在午宮武府甲年廉貞化祿，在寅宮廉貞財宮化祿，會照武曲化科，若再見六吉曜（極品之貴），無論從政、商或大機構發展均佳，天府在丑未命為卯酉紫貪，辛年生人祿存在酉，天府得祿再有六吉主「成貴發富」，紫貪之人，有府相朝垣，再有吉曜也易成大格局。

天府在事業宮會地空地劫，有魄力但不利財宜「工廠事業發展」，天府會四煞盡量勿與人結怨以和為貴。主多糾紛有波折（人事波折）。
一般言天府宜財政、金融會計、經濟發展，再有魁鉞、昌曲更佳。有魁鉞可掌財政大權，有昌利出版業、印刷業，有曲宜大眾文化傳播業或演藝，也適合卜相之術。

◎田宅宮，主吉利，再得祿曜能增田置產，有房收租，忌見空、劫、耗，不利置產，尤其武曲、廉貞化忌更破耗。
天府和羊陀會主有樓房物業糾紛或鄰里不和，流年逢火星天府小心火災，更見空、劫、耗及流年忌羊、陀沖會到主剋應之期。流年田宅昌曲同會且流昌曲也入宮，乃文星入宅家中有人該年高中名列前茅或晉升遷。

◎福德宮因性格保守不喜冒險，重視安全感喜會六吉曜主心寧靜，人生少風險。在寅申宮易高傲瞧不起人，在卯酉受七殺拱照比較勞心不安、精神疲勞，而天府火星同度，主心思運用過度、杞人憂天、無謂愁苦，與陀羅同度器小易盈生妒忌心容易記恨，若和羊刃同度，欠缺安全感坐立難安，若會空、劫、耗主忙碌為財忙因少安全感而忙賺錢故精神壓力大。天府遇昌曲化科，主有信用受人信任，天府見祿曜物質豐足，但祿存同度受羊陀夾宮主小器自私自利心態。若見昌、曲化忌，陰煞天姚是偽君子，說和做不一致、心術不正。

◎

父母宮，只要不見六煞忌主無刑剋，見六吉曜可得助益提攜。見祿曜能在經濟上照顧，有天巫能有遺產但祿存同度主父母控制命主財務，與羊刃同度主兩代不和，一般主父子、母女不和，有天刑主父母災病。天府和陀羅、火、鈴、空劫、刑會主父母災病傷災，不同居免刑，以生離取代災病死別。另天府有六吉星又有四大凶星，尤其羊刃、天刑，父母可能（武職、法官、律師、工程師）有空劫、同宮主家道中落，尤其地空，若僅三方會，代表父母開銷大，自己需提供父母花用。

八、太陰星

太陰星乃封神榜黃飛虎的夫人，被妲己設計遭紂王調戲不從跳樓身亡，是冰清玉潔顧家的小女人，女命溫和柔美內斂好靜、仁心博愛有潔癖異性緣佳，男命有陰柔之美有些女人的味道，太陽太陰居命之人易情緒多變，太陰化祿代表女性荷爾蒙，女性皮膚白皙豐滿。太陰化忌易皮膚有狀況皮膚死白，有內分泌失常之象。

太陰五行陰水為月之精化為富，主女人代表自己、母親及女兒。男性主母親、妻子、女兒，太陰在十二宮位廟旺，除宮度廟旺平陷外，需參考本人生日及生時太陰坐命之人利夜生時，之外需參閱晦朔月暗（上弦生人及下弦生人）上弦為佳，以農曆每月十五日為分野，初一到十五之人為上弦，此時段生人月由缺轉圓故吉美，而下弦生人由十六日到月底則月由圓轉缺光輝漸失較為不吉，現將太陰在十二宮位名稱簡述。

◆ 子宮（天姬）女命榮華，男命富貴。有人緣、深思慮、善計謀。

◆ 丑宮（天庫）日、月逢性情豪爽高官厚祿。

◆ 寅宮（天昧）旭日將升光輝漸失，主性多游移進退不決，逢吉曜反主大富。

◆ 卯宮（反背）。

◆ 辰宮（天常）喜與五行金之星同度相會及三吉化，為人之領袖掌軍機大權，名震四海如與羊刃同度為陰金入土格。

◆ 巳宮（天休）有目疾或嚴重近視散光或丈夫有名無實常遠離，或丈夫為人謀不為家謀若逢三吉化乃大富之格。

◆午宮（天衣或寒月），主人情感旺盛好情慾多有夢幻自作多情不利元配。

◆未宮（天圭）日月同度個性直爽忽陽忽陰不利母。

◆申宮（天潢）天機太陰，善應變權謀也富幻想但有雄心。

◆酉宮（天祥）主富貴。

◆戌宮（天助、月照寒潭格）為光輝亮麗為上格。

◆亥宮（月朗天門），主大富或意外財又叫「朝天格」善策劃。

女命太陰在子宮外貌不俗，稍見煞曜更是迷人也是更易招桃花，見昌、曲、鸞、喜更確，在子宮無論男女皆對異性溫柔，若得昌曲化科天才，多深謀遠慮。

在丑宮與太陽同度，性格飄忽不定，有時爽朗有時吝嗇自私，在此宮因太陰入廟旺，利大於名。

在寅宮和天機同度，因天機有多疑多慮個性所以較不信任人，做事也欠缺恆心，以受薪或行政工作為佳。

在卯宮因太陰陷位六親緣有缺陷，再見煞忌、空、劫便流於奸詐；反之見三吉化六吉曜可經商成大富。

在辰宮因日月均失陷，若不見吉曜吉化或反見煞曜凶星事業低迷，宜一技之長，但和五行屬金之星相會更有三吉化（陰金入土格），可掌軍權乃奇格如「文昌、羊刃、陀羅、天哭」，除軍警亦可實業。

巳宮男命事業平庸，女命亦同，更主和丈夫疏遠缺感情少聚守，此宮位不利眼目，若見吉化吉曜反而主富且有福享受。

在午宮缺事業心，而感情生活佔據心思易為情所困，再見昌曲無可自拔對愛情多幻想更有空、劫、天空、旬空、截空、更沉溺慾海中而不面對現實，也多苦戀暗戀（常自作多情庸人自擾）。尤不利男命婚姻，第一度婚姻易遭挫折，若夫妻宮也不吉可能妻室不忠而遭受刺激，若太陰化忌也主妻生離死別，女命感情生活也不佳。

在未宮與太陽同度也主性格飄忽無常不利母星，以日生人刑剋更確。在申宮天機同度比寅宮佳主善變，能處理事務也不乏多對感情有幻想，女命較多愁善感，而感情關係也多變動或有違常理，有苦戀之味道。若太陰化權又和天機化忌同度主權術，唯見吉星吉化才主福厚祿重。

在酉宮月皆廟旺，更見吉曜吉化能得富貴，見祿即是，見六吉能貴。

在戌宮乃「月照寒潭」格，只要不見煞忌一定有表現，更見吉化、吉星，事業一定偉大。

在亥宮乃月輝光芒（月朗天門），不僅富貴可期，也可獲得意外大財，更可飛黃騰達，即使亥宮化忌為「變景」反而大富、流年遇之有升遷發展之機，太陰乃財喜得祿存及化祿，若會化權、化科乃剛柔相應，若太陰化權會天機化忌主多心計，更見陰煞、天姚，主心術不正旁門走道。太陰會昌曲主文章秀發，博學多能，多有才華善文藝及藝術；會龍鳳、天才也有巧藝在身，太陰桃花性不是很重，但見鸞喜、天姚、咸池等，男女命也以調情為樂，多異性友人，太陰不喜陷位坐命不利女親，再見煞忌、天刑，有隨娘過繼離祖外出之可能，或隨母改嫁（在身宮或遷移宮）均有可能，太陰性質柔美，但陷宮見六煞、天刑、大耗、天月、天姚、咸池，主性格不良誤入歧途，女人也易墜入風塵。陷位太陰見吉化也不一定主富，需太陰化祿見。

祿馬主大富，若入廟旺太陰除見吉星也是要得祿馬乃大富，見六吉則成就顯赫適從商。女命陷位會六煞、天刑，則傷母剋女家庭多欠缺晚景孤獨，再有桃花曜多感情挫敗多不忠於感情，大運流年太陰守命入廟見祿曜，主「意外之財」。見六吉主事業發達。亥宮化忌見吉也主升遷，會昌曲、化科、鸞喜，有喜慶「婚娶」、「生育」，陷位不是。

太陰乃財星不喜地空、地劫、大耗主「耗財」，逢太陰化忌更確。

太陰在陷位之人較情緒化，個性憂鬱、偏激、是非也多，較勞碌命，男命煩憂重。太陰主聰明智慧，但較有刑剋十五歲前讓母親心煩，故認義父母較好，化忌更要認否則刑剋母親或少小離家。入身宮且父母宮為又不吉，會隨父母改嫁，男女逢之易熬夜，化忌更是如此，會照天機易神經衰弱及偏頭痛。太陰與天機天同度有靈異體質會靈通，加陰煞、天巫、華蓋之一更確。太陰坐命之人容易住到潮濕、低窪林木之處所，若廟旺吉多無妨，但逢化忌又煞多會對運不佳，居家燈光也勿昏暗，天氣轉變會影響太陰心情，太陰喜白、藍色。

◎兄弟宮，多姊妹彼此有情，再有紅鸞更感情好，有煞時有衝突，在寅申宮機陰再有化忌主不同心、事業夥伴也是如此，太陰陷位加羊陀，會折夥且破財。

◎夫妻宮，太陰具有修飾、美容性質，坐夫妻宮主配偶性格矯揉不夠爽快，而配偶必有俊美之姿但需三方會合昌曲。男命有文曲同度為「蟾宮折桂」夫憑妻賢再見祿星可因妻得財，但會昌曲也主多妻受人垂青造成婚姻困擾，再見天姚主雙性之戀。

入廟太陰較不怕煞刑倘遇之主生離不至於死別，太陰居夫妻宮之喜忌性質，女命是看自己本身之命運。

男命夫妻宮太陰會昌曲主多妻有兩種狀況：

一、福德宮桃花重或大運流年命宮多桃花代表同時有幾個女人。

二、見煞刑忌，可離一個結束再有一個，或一個死了再娶一個，也可謂妻多。

太陰喜三吉化但女命反主自己之命運，男命則是看配偶。

太陰化忌主配偶離鄉背井六親緣薄。

在子午宮，參考天同太陰。

在丑未宮，參考太陽太陰。

在寅申宮，參考天機太陰。

在卯酉宮獨坐命宮為巨門事業宮天同之影響有意志薄弱由人擺佈性質，其性質為感情內向性格內藏，且有浪漫與感情細膩性質，不論男女皆主多次感情波折。

在卯宮落陷最富幻想需要人呵護較孩子氣，男命主自制力差，對愛情不知足用情不專。女命自身任人支配依賴性重，且惰性大較小鳥依人及緊迫盯人。

在酉宮入廟，人生便積極忠厚且富正義感，較樂天喜歡兩人世界，深居簡出必與配偶姻親之感情冷絕。一般而言男命得妻美賢，但男人仍心向外慕之傾向，且小三也美貌勝正配，女命若太陰在酉宮主丈夫與自己日漸冷卻，常因小事發脾氣而配偶不顧家，除非遇昌曲或化權性質才吉化，但不可遇輔弼，主丈夫有外遇以陷位化忌更甚，不論男女亦不喜歡單見魁鉞，主自身多有非禮及桃花困擾，若女命夫妻宮在卯酉單見輔弼，其丈夫情人，可能為工作同事伙伴。

在辰戌宮獨坐命宮為巨門，戌比辰宮佳，和卯酉宮類似，但一不同點婚前儘管波折但婚後可圓滿，但多口舌無謂爭吵但不影響婚姻。

在巳亥宮，獨坐而命為天同巨門，主自己易為失婚之人追求，以亥比巳宮佳，若太陰化忌，再遇煞、輔弼於命或夫妻宮在大運流年，逢之會有感情挫折，天盤有此情況女命要嫁年紀大於10～18歲，男命宜娶小6歲以上才能美滿，因天同巨門坐命乃情緒之星，另亥宮之太陰見魁鉞一起會照，主因妻得財，但又見煞忌恐為吃軟飯之流，例妻子從事色情行業養家，也是因妻得財，女命見魁鉞再見輔弼其中之一或一對主丈夫有小三且小三一定貌不如己，再有天馬連家都不回。太陰加陰煞、鈴星，夫妻會有外遇輕微是有感情困擾，或有第三者介入（有桃花曜者是，而無桃花曜可能是公婆這類親人介入。）。

◎子女宮在陰宮先得女，有鸞喜機率更大，（陽宮同論），加輔弼女兒一堆，若化權在陽宮有機會得子，在陰宮生女兒但霸氣（有鸞喜生女機率大），若有火鈴、空劫，則子女目有眼疾也有傷災；加昌曲聰明，有輔弼子女將來有助於己或繼承自己事業，有魁鉞子女顯貴，有祿曜子女富有（祿存也可能吝嗇）。

◎財帛宮乃源源不斷之財氣，適合固定領薪之財，加化祿乃大財且廣進，最怕空、劫、忌有嚴重耗損，有昌曲可走大傳或易卜星相進財，加四煞奔波勞中求財，若空劫、忌大耗同臨，而又會昌曲化忌有被騙盜之情事，有火、鈴有財紛爭。

◎疾厄宮，代表眼睛加火星眼睛發炎、青光眼，再有化忌「白內障」，另在女命主子宮陰道煞多有病變，男命代表腎、泌尿系統，加鈴星化忌，青光眼勿長久在陰濕暗處，宜用日光燈勿用燈泡，太陰陷位而又會右弼、陀羅、化忌，小心夜盲症，太陰化忌加右弼、火星有發炎之狀，加鈴星「感染化膿」，子宮頸炎加忌為癌症，男命腎臟炎及眼目疾。

◎遷移宮，有天馬有船員、飛行員、空姐之性質，常國內外跑太陰星主人喜旅遊，廟旺有人緣，陷位小心被人拐騙，特別有羊、陀會時更確。

◎交友宮，不喜化忌，會遭人挾怨以報或受人牽累，遇六煞之一再有天刑或大耗會受到部屬及朋友拖累及耗敗財。

◎事業宮，宜在財務、金融、會計、出納、總務發展，有昌曲宜大傳及田園造景設計或命理學，加魁鉞宜公教人員，有龍鳳宜藝術創作、手藝類，加化科因專長聞名遐邇。

◎田宅宮，會居住在市郊，較多林木、公園、花園附近，而居家佈置美，有空、劫、忌常搬家，不可住在陰暗潮濕處家人會常得流行性感冒。

◎福德宮，較喜浪漫心及精神生活，（夜生人更是如此），比較詩情畫意，陷位化忌內心常莫名憂傷痛苦想哭。

◎父母宮與父母緣薄，若化忌及日生人更確。若再有煞，主幼年坎坷或與父母分離加天馬更確，若化忌與羊、陀同宮常和長官上司有不滿情緒；若三方又有陰煞，巨門、文曲時則是，別人常打小報告或扯後腿，太陰入廟為宜，若陷位尤其又是下弦月及生人最不利母親，反之只要不見煞忌主父母雙全，再見吉曜主父母護蔭有力得母寵愛，若日、月同度一入廟一陷位故和雙親無全美，丑利母，未利父再由日夜生人判斷，對哪一親人刑剋較重，若化忌是太陰不利母，更有四煞、天月、天虛等主「災病」，有時主父早死而母多苦。

九、貪狼星

貪狼乃封神榜的妲己，勾引紂王的壞女人，代表酒色財氣及桃花，也偏向才藝、修行，好動外向圓滑、物慾深之表徵。此星陽水木其變異性起伏大，乃北斗星桃花曜，主人好動圓滑、八面玲瓏，貪狼化祿或見昌、曲、魁鉞更確。

若見羊、陀主詩酒菸賭；見華蓋空、劫，主好養生、瑜珈、神仙之術。貪狼此星也可成武將見輔弼、魁鉞便有「掌握軍警大權」，在午宮貪狼、化祿和羊刃同度也是「馬頭帶箭」之偏格也掌武職大權，此星最喜得火、鈴星（火貪、鈴貪）格，主財厚祿高爆發財突發之象，正偏財均有可能，以火貪較鈴貪佳，以獨坐比雙星為佳，如紫貪受紫微約制發有受限之感，廉貪因星性浮盪發但不耐久，若火、鈴貪格成立，又逢羊、陀、忌乃橫發橫破紙上富貴，這類格局不適投機，會敗得更慘。在亥宮廉貪同度，在子宮貪狼獨坐，以上和羊刃同度「泛水桃花」格因色恐有災，迷戀酒色好賭；在寅宮與陀羅同度「風流綵杖」也同上述，另紫貪同度乃桃花犯主再有羊、陀也主酒、色、財、氣。

貪狼本身已是桃花星，再有鸞喜、天姚、咸池、沐浴、大耗就更好色了，此外貪狼對化忌也很敏感，除自身化忌，即使廉貞、武曲、昌、曲、化忌，都對其有傷害，貪狼在四墓庫（辰戌丑未）入廟最能將貪狼事業發揮出來，見火、鈴、祿存、輔弼、魁鉞易成大格局及爆發。

貪狼武曲同度或武曲拱照都有先貧後富在三十歲以後可發，但少年多享受逍遙則反辛若，故有武貪不發少年郎一說，貪狼喜與天壽同度見吉主長壽，反之見羊、陀、忌、天月、天虛會則「少年多災，命不長」，且可能縱慾而體弱。

貪狼入廟之人身材未必高但骨骼粗壯，若貪狼命宮而身宮在七殺，有「採花淫奔」之象，男命在感情上有違禮教（和別人太太有染，而女命則為私奔等，上述需再加一條件，命身宮有見羊、陀、天姚、咸池）。貪狼也有清白格就是逢空曜（地空、地劫、截路、空亡）天刑同度反主不色淫清白之人，這格局即使是風流綵杖或泛水桃花遇之，也主精神好色，行為仍會自制。貪狼會輔弼、魁鉞，具領導才能，也有人緣可軍警從政及人緣之事業，如娛樂業、公共關係。

貪狼居命而身宮是破軍此格局低下，更見羊、陀、忌男命狂醉好賭、好色、物、肉慾極深，再見天姚、咸池、沐浴更甚，女命則淫蕩缺乏家庭責任。

貪狼星好交朋友是社交能力強之星貪狼化祿更確，當昌曲遇貪狼變成桃花性，主風流多情性格也淫蕩些，再有陰煞、天虛會心術不正作事虛有其表，毅力不足有走旁門走道行偏鋒，若昌曲有化忌更善巧騙手段。

貪狼化祿宜公關、外交、政界、娛樂事業，若化權宜軍警保安。在寅宮貪狼星乃少年得志之星性，見昌、曲、化科、天才、龍鳳更是如此，求學階段名列前茅，初入社會表現出眾，但更有羊、陀忌，則防過度自信趾高氣揚反生牢獄之災。而在申宮有人視為英雄，有人視為狗熊，其行事受人爭議，也有黑道中之傳奇性人物，若見四煞其做事風格更受人評論，若見吉不見煞，全憑個人奮鬥而得，以見三吉化及輔弼、魁鉞為確；若見羊、陀、桃花曜則「享受淫樂」再逢煞忌重，則一生官非，在午宮守命紫微在子宮拱照為「木火通明」格，見三吉化六吉曜為雄才大略事業偉大，可在軍警從政商有大局面，見煞不可從政，宜走商界。

在巳亥宮，廉貞同度性格好動、喜交朋友、故從事和藝術、娛樂行業較好，否則事業局面受限坎坷，見煞曜空、劫、忌人生不安定，女命貪狼和男命一樣（火麒麟），多嗜好，見羊、陀、忌「菸、酒、賭」。見天巫、華蓋、空、劫、天空、化科，則是宗教信仰或五術靈學之愛好。

女命貪狼三吉化遇六吉曜及火鈴都可富貴可期及相夫教子，唯遇昌曲及桃花曜重打扮，但在巳亥廉貪注意婚姻，貪狼三方多為七殺，破軍乃「殺破狼」結構主有變動激烈，在大運流年入貪狼宮限，有去舊佈新之感，貪狼化祿或有昌曲、桃花曜主應酬愉快，見輔弼、魁鉞、三吉化主創事業、見祿馬得財利，見昌、曲化科及鸞喜或廉貞化忌同度主「添人口」，「結婚、生子」，考試高中但見羊、陀、忌主應酬生災，會地空劫有財耗或投機賭博遭損，貪狼乃動物之星，在宮位內有桃花曜此人會養寵物，但再凶星易遭動物傷（蛇狗類），貪狼加化忌、空、劫、天刑、華蓋，可減其桃花性，尤其「貪狼加天刑、地空」或「貪狼加天刑、華蓋」，此兩種組合易入空門或研究宗教哲學。貪狼在命宮也主生理機能逢煞多男命注意性病，女有婦疾。而在子女貪狼加青龍主性慾強，在命宮、夫妻、福德宮同論再有天姚咸池更嚴重，但男命貪狼化忌、破碎、空亡、病之組合可能不能人道；加陀、天月、病或空亡主性冷感，而貪狼加火鈴、化忌之組合易得性病及尿道炎，女命尿道炎，貪狼帶煞在此宮位不宜養小動物或夫妻臥房，會使夫妻閨房不樂情感有變化，若貪狼化祿或祿存同宮時，則該方位宜做商店或出入大門，有四煞時宜做工廠。在第四大運後遇貪狼又化忌入宮時，性能力會衰退。

貪狼加鈴星加陰煞，再逢大運化忌同宮時，會犯「小人桃花」遭人性騷擾或強暴。在遷移宮小心外出，再有羊刃是暴力型的。

◎ 兄弟宮，主關係和諧，但各有私心，見輔弼、魁鉞主互助，但貪狼化祿不見四吉，則可共富貴，不可以共患難，加空劫因手足失財，廉貪有化忌主不和，更有四煞及桃花曜可能有異胞手足，武貪在兄弟宮或拱照，往往是獨生子女，再見桃花曜及輔弼有異胞手足，若火貪、鈴貪在兄弟宮主不和，兄弟中有人突發但自己不一定有好處。

◎ 夫妻宮此星在夫妻宮，不主思想上慾望乃實質物慾享受，引申為對物質的追求。一般而言主配偶有嗜菸、酒、宗教及美食、趣味，雖桃花重因其具交際應酬作樂性質較有異性緣，但有天刑、空曜主端貞。

凡貪狼夫妻宮其命宮必為天相星，天相對煞無阻抗力須具祿才主安定。若天相坐命逢煞忌，則配偶不能滿足物慾有不滿意之象，貪狼在夫妻宮主配偶具才藝有科星文曜更確，但也會增加感情困擾，一般而言有貪狼在夫妻宮，男命優於女命，凡女命天相其福德七殺，具獨立性格不善交際，凡夫妻宮有火、鈴同度又見輔弼單星，女命恐有繼室或不完婚只有同居之性，而男命有金屋藏嬌之性，而貪狼與陀羅同度主配偶長相不怎樣，若再有桃花曜其異性緣仍重。

若貪狼羊刃同度其配偶必有特殊才藝，倘見天才其才華具數字或機械性質，倘見龍鳳具專門知識技能，倘見空劫，乃具才華橫溢之文藝或藝術，若貪狼陷位更見煞曜恐有三婚，若入廟旺遲婚或許可避，如貪狼加昌、曲、咸池、大耗、鸞喜、沐浴、天姚主男命寵妾滅妻，或上述在陷位加化忌，其妻為風塵出身，女命主夫有外遇，但女命貪狼在夫妻宮有桃花曜，但見貪狼化忌反主好現象，其夫可能為文藝藝術中人，因工作多與異性來往或娛樂界，再見空曜其配偶反而少桃花，有火鈴貪格主配偶暴發。

子午宮獨坐命為武相對破軍，如果婚姻發生變化多為金錢所致，不甘窮困所產生，故以貪狼化祿或見祿能化解之。

在丑未宮參考武貪。

在寅申宮，獨坐命宮紫相對破軍，易生挫折要靠理智控制，不是經濟問題是意志力，主配偶少意志力容易被外人引誘，故天刑遇貪狼就很重要，如在寅申見天刑均可避免引誘，但忌見六吉，尤其見單星而又不能會另顆主第三者介入。

在卯酉宮參閱紫貪。

在辰戌宮獨坐，命宮為廉相對破軍，此為最佳宮位因貪狼入天羅地網宮限制了桃花，除非有桃花曜入宮否則沒桃花，但因本命紫相對破軍，人生皆會有第一次感情重大挫折，或受挫折後而結婚。

在巳亥宮請參考廉貪。

◎子女宮主生女多而子在後生（先花後果），若無子可在外生，紫貪主遲得子，廉貪同度主子女二人較有刑剋易有生死離別以見煞忌、天馬為確，尤其廉貞化忌主子女多災變，貪狼化忌刑剋較輕遇火、鈴、天刑及煞曜易流墮胎早產傾向。

◎財帛宮，主富不主貴喜得火、鈴、祿曜主財厚爆發較適從商，但再有羊刃、忌、空劫，橫發、橫破不耐久，貪狼化忌主競財辛苦、勞力費神，有輔弼多方進財，有天刑官府得財小心有官司，貪狼加天月更見羊陀、忌主因病損財，但有祿曜、火、鈴可經營藥業、健康保健相關生意。

◎疾厄宮，因五行陽木火水（肝、膽），主性機能尤見桃花曜為確，男命易得性病，特別化忌又與鈴星同度，若化忌加輔弼，再有四大凶星女命注意卵巢之疾，貪狼和煞會也主痣疾。

◎遷移宮，乃交際之星主外交、社交，遇吉可得助立享受，不吉因應酬生災或沉溺花酒色慾破耗尤其有羊、火同宮有槍傷可能，有魁鉞及財星宜出外發展，女命化忌再有羊刃、鈴星或羊刃、天姚、咸池，在外易遭人輕薄、騷擾，若貪狼會空劫、華蓋、天巫、化科多「宗教方面社交」。

◎交友宮，主交友廣應酬多，不見煞忌刑耗，為酒肉朋友吃喝，無重大損害只是耗時間金錢，但有陰煞、鈴星是犯小人，此小人可能是自己手足，當流年到此又化忌且會煞多小心遭朋友拖累，若有白虎星更確。貪狼化忌也主朋友下屬反成自己的競爭對手。

◎事業宮，主交際公關外交、娛樂，見四吉、化權、化科、化祿，宜外交或政治，見祿馬、化祿不宜再見空劫耗，宜經商創業，若見昌曲、桃花曜，宜娛樂、藝術業，有天廚同宮宜餐飲業。

若有火星更佳宜熱鬧生財事業發展或與傳媒多有接觸事業為佳，有天馬宜貿易商或代理商品銷售（日常生活用品），有羊陀宜製造業，有空劫宜一技之長、工藝科技，如水電方面，也可從事業藝術表演創作，但不可有大耗反破財。

◎田宅宮，住在環境熱鬧或大城市，家中也常有客訪，另有天姚、咸池、大耗會住在燈紅酒綠花花之都，有天馬、空、劫，常搬遷，有鈴星華蓋化忌住在公墓旁，有天刑官符常因田宅之事有官訟是非。

流年逢化祿較有增置房產或重蓋、翻修、裝潢現象或買新車，小心貪狼火星為火燒星系以流年逢之更要小心，但需要有流羊陀沖會原局大限的羊陀為確，而流年大耗需入田宅宮（鈴星也要小心）。

貪狼祿存同度更見三吉化主產業豐厚是自己掙來的，如見天巫才主繼承，但貪狼有一特性「多散少聚」，若見煞忌凶星主家業凋零樓房依在但人口漸稀少，另貪狼化忌主競爭入田宅宮有是非性。一般主鄰里不和見煞重空劫，因產業有官司可能。

◎福德宮主活躍奔忙為事業求財，也可能為享樂而忙人生多彩多姿以見吉為確，若煞多無事而忙也無享受之福，一般都會有飲酒，風月、賭博嗜好，若有昌曲雖風月但有品味尤其言談；見桃花曜愛說黃色笑話，再見羊陀忌言語粗鄙，而貪狼同度福澤較淺，再有天馬心性浮人生漂泊貪狼和諸桃花相會性格風流好女色。而女命好打扮尤以性感打扮為確，若貪狼會羊陀、空劫、刑耗，反福薄心中多慾又不能遂願，反致人生若悶，若火、鈴同度主物質充足另方面也性急氣躁，再有煞忌湊恐有官非或暴力情事，需收斂個性否則禍生。

◎父母宮，基本主雙方和諧未必有助，只是父母較放任，不會造成巨大衝突，但若陷位且化忌，更有羊陀主刑剋災病，會天月、天虛尤確。再見天馬拱照同度，主「早離父母」，但見輔弼、魁鉞不主刑剋，若再會桃花雜曜主父母感情生活較複雜，或自己為偏房所生或父母有離異或再婚。

十、巨門星

巨門乃封神榜姜子牙夫人，因太嘮叨導致離婚，故此是有口齒伶俐及口舌之爭與口分不開，有化祿口才佳也是利口述行業，而化忌就一生招惹爭端猜忌心大且有旁門走道之象。

巨門乃（暗星），其意為遮擋他星之光輝使其失色，因此看巨門星要先找出太陽宮位是否入廟旺，能照其暗化其暗了，在十二宮位中此星都帶有「明爭暗鬥、口舌是非」之性，故不喜再見凶曜，既然有口舌是非，就需用口舌之工作來化解其凶性。

巨門化權主語言權威，也可為人師表，適教學、學術研究、演講、語文學習等，更見昌、曲、化科、天才其更具說服力，巨門喜太陽會照、同度或對拱但需入廟之太陽為佳。以巨門在寅、亥二宮位最佳（光明磊落），若再見昌曲、輔弼、魁鉞主貴見祿曜、天馬主富。在子宮之巨門為「石中隱玉」，乃需蘊藏許久以時間考驗才能發掘其優點，更見昌曲等六吉曜才入格，但唯美中不足不宜居最高峰，凡居最高領導位必受打壓排斥。太陽巨門寅比申宮佳（因太陽入旺），寅宮旭日東升可成大事業，唯申宮唯欠缺恆心，凡事虎頭蛇尾，此一星系乃海外或和外國人有緣之星系，利海外、洋人圈中成名，但以太陽入廟旺才是。巨門在巳宮而對宮太陽陷，對父親有刑傷或幼年自己多災病，讓父親傷腦筋，若更見諸煞刑忌除刑傷外也主人生多挫災厄，宜「專業技能」謀求。在辰宮天同拱照吉化見祿存乃富格，以巨門化祿優於天同化祿，巨門化祿利財運，而化權利口舌專業權威，皆為有魄力善創業，若雙祿同度財氣疊疊。巨門在亥宮因太陽旺廟光芒太露趾高氣昂易為人指謫，此命宜收藏傲氣反為福澤人緣較佳。巨門已是暗星更忌會陰煞必然口舌紛擾，人生阻滯成就減等，巨門星系之人，體毛較長尤其女性特徵顯著，凡廟旺巨門主眉清目秀需不見煞忌方是，若巨門和昌、曲、科、天才相會「善口才能急辯」，見四吉曜「乃忠貞之士」，見龍鳳化科天才乃「專業人才」，天機同度主好學少精，見火、鈴主無事而忙，巨門化權和羊刃、天刑同度利法學可成律師」司法官，巨門和空劫、火、鈴、龍鳳相會，宜「機械」，但羊刃、天刑、天月、昌、曲、化科同宮或會照宜「醫學」，或此方面專業，如復健師等或中醫推拿，若會昌曲或昌曲、化忌更有天巫宜「命理」，此外巨門化權加昌曲，宜師尊教學、教育工作，巨門化忌更見輔弼、魁鉞、羊、陀、火鈴等，則為「幫會首領」發跡致富，但巨門化忌也主口舌紛紛災禍連連不利人事且煞多也易走險或有自殺傾向，女命巨門化忌有東家長西家短撥弄是非之嫌注意口德。

大運流年見吉化吉曜，需注意有成就後勿志高氣盛，若逢巨門化忌要慎防災厄，巨門五行乃陰土或陰金，屬北斗星，喜墨綠或深藍色，有煞時則喜黃綠色，巨門化忌加空劫，言語不通暢，巨門有煞臨再加地空化忌、破碎、病有口吃。若逢陀羅說話緩慢有慢半拍之象，逢火、鈴言談常尖酸刻薄，巨門逢昌曲，可走演藝事業表演工作。巨門在子為「石中隱玉」，也主長壽。

在寅宮若逢化忌，陀羅、空亡同宮，女生會有點三八，而男生則可能是「阿達」低能之類。另巨門不喜在人之宮位有離散之意，在流年逢之再逢煞皆主離散，巨門化忌在人的宮位又逢煞多主親人多災厄，而在子女宮主流墮胎，巨門單守有祿曜可從事表演工作，宜放水仙花開運，會到太陰則有機會四處表演。

巨門有昌曲同宮注意下列情形：

一、感情滋生困擾。

二、易有水厄，再有文曲、地劫更確，可用淋浴淋雨解厄。

三、易有腺性疾病（扁桃、甲狀腺）。

此星也不喜與天哭、天虛同度，會人生悲觀消極灰色，若再有煞易有自殺念頭，以見火、鈴為確且菸也抽得兇。但巨門加鈴、天刑、化忌，恐有吸毒之嫌，而巨門加陀羅、天月、鳳閣，再逢煞多可能是音痖人士，巨門加火、鈴，主咳嗽、呼吸道（器官）過敏，巨門在火宮位（己午），會到天馬或同度再逢煞有氣喘之疾，加輔弼又逢煞為腺性疾病，天梁也同論。

◎ 兄弟宮，只要在人之宮均以不吉論，基本為不和，更見四煞主刑剋，若見桃花曜輔弼主「異胞手足」，若多會吉曜，雖手足有成就或可依靠但要受其氣，僅在寅亥宮位，太陽入旺廟可減少刑剋。天機巨門有口舌及分離之象，更見天馬或火星同宮更確。巨門天同（始善終惡）以溝通為最佳之避凶方式。巨門會空、劫、大耗，主「剝削」，不宜與手足合作或在其公司上班，更見煞忌尤其不利，如見昌、曲化忌，當心反受手足嚴重侵害剝削，巨門會太多煞忌多是非糾紛，有孤辰寡宿時可能是獨生子女。

◎夫妻宮，凡巨門守夫妻宮必天梁星系守命，天梁本身已有挑剔之味，所以常有無理取鬧之象，在論巨門在夫妻宮時首重太陽是否廟旺，若在陷位則常口角刑剋，有時只為雞毛蒜皮之事，再有煞臨真是永無寧日。巨門在夫妻宮不宜再與天同、陀羅、鈴星、蜚廉、陰煞同宮，易生是非及胸襟淺窄，也不宜有天虛，主配偶心情低落、暗夜垂淚，也不喜天刑，主配偶婚後隔閡性格相異，常對立難溝通。此星最好三吉化會，才能感情完美，再會入廟旺太陽其配偶相貌不凡但初戀難婚，巨門常主貌合神離太陽陷位尤確，也不喜鳳閣同度主興趣不投，也主分離，對火鈴也敏感多有離異。凡巨門入夫妻宮配偶手腳毛較長較密。

太陽巨門有異族同婚可能，且配偶可能為律師、教師、經紀仲介業，更見天馬更添勞碌適以口生財之謀利，如巨門會火星而不見空曜，其配偶背部或身上有紅色痣及胎記（咖啡也可能），若昌曲會巨門也可能有痣或配偶多雀斑、痕及痘疤，以見昌曲化忌再逢煞為確。上述刑剋，宜女命嫁夫長12歲以上為佳，在命、福德宮亦是如此。

巨門特點：

一、初戀必不能結合為特點否則必離或剋。

二、而男命娶妻虛小6歲以上。

三、男女皆有與已婚之人有戀愛經驗。

四、要三吉化科、祿、權會，才能減輕刑剋。

五、會廟旺之太陽（寅至午）才能解其暗，天同巨門主配偶有才或有外貌但有刑剋。

天機巨門，女命配偶有才藝，男命主妻貌美，也有刑剋只是較輕，所以會天同有死別之象，會天機有生離之象，若巨門天刑再見羊、陀、火、鈴的兩顆星，以不舉行婚禮為宜。

子宮巨門獨坐而命為天同天梁，女命感情多擾，男命多離家浪跡天涯（船員、飛行機師），有聚少離多之象，若得三吉化，配偶名氣地位高於自己，男命必娶女強人，以子宮比午宮佳，若有輔弼之一在命，另一在夫妻宮，會生離且分開時間長久，但感情甚篤有破鏡重圓之說。

在丑未宮參閱巨門天同。

在寅申宮參閱巨門太陽。

在卯酉宮參閱巨門天機。

在辰戌宮為獨坐而命宮天梁獨坐，其吉凶要以太陽宮位廟旺來定奪，巨門也不喜天羅宮主配偶幼年坎坷多災病，成了婚較沒事。但仍有刑剋及自己本人有桃花，巨門亦不喜歡四墓庫易有桃花，所以天羅地網宮均有桃花性質且婚姻易有挫折。

在巳亥宮為獨坐而命宮天梁，亥宮巨門比巳宮吉利，在此二宮位主親家較不往來或其配偶手足也同論。不喜見六煞否則婚前有感情變化婚後也不例外，但男命娶美妻，而女命嫁有才及財之夫，只有巨門化祿或化權，而命宮天梁會六吉才能減少生離死別。

◎子女宮，巨門非善曜基本性質兩代不和，也刑剋長子幼年多災病重者早夭、早產等或帶有殘疾，更見煞忌為確。但女兒較少剋以宜遲得子為趨吉之法。太陽巨門在旺宮位，主子女，秀發，再見吉化吉曜主貴，若有祿馬則能富，見昌、曲、天才、化科主才智聰明，若在申宮則不是。若天機巨門同度即幼年有分居之意，但可免災禍，若化忌又見天馬則難避分離之象，即使有吉化仍有刑剋，天同巨門不利兩代易有糾紛互有心結，若天同化忌感情傷害嚴重，巨門會六煞多者可能一生無子嗣主刑剋孤獨，若巨門化忌再見空、劫、大耗，子女多病災而破財；反言之巨門化祿更見祿存六吉，可因子女得財而子女富貴可期見祿少刑剋。

◎財帛宮，巨門主勞力獲財且多為「腦力口才」之財氣，有從事教學、傳播媒體，策劃憑腦力工作較易生財，若再見三吉化六吉曜，祿馬主白手起家創業且富格，但巨門有項缺失得財後萬不可心高氣傲，財眼露白否則削減財氣後運不佳（財大氣粗破敗之兆），另巨門在財宮要看其六親宮哪宮不吉，例子女宮被空、劫、大耗，則財為子女所財耗。太陽巨門在財宮以入廟旺有得外國人或海外之財或經商往來或在外國機構外商公司或上司為外國人，若沒上述情況宜專業工作。天機巨門同度主財源多變化吉曜臨財來自多方，吉凶並見多進也多出財來財去，見吉不見煞可從事行銷業務以口得財，天同巨門同度主白手起家，但有化忌且六煞、龍、鳳宜技術謀求，若有桃花曜適合藝術類，若巨門化忌化科再有天刑、羊刃，適律師、司法官，有天月適醫生，再有刑可為外科醫美或相關醫療技術專業，巨門與羊刃同度求財過程激烈適合商業活動，與陀羅同度要耐心等待財運可得，更有火鈴、天刑、大耗，反為財有官司糾紛，若巨門會火鈴、空劫、大耗，主遭奪財或因禍失財。

◎疾厄宮，主呼吸系統尤主上呼吸道，口腔發炎、牙齒，但若見化忌、羊、陀、天刑小心胃或消化系統癌症，若本疾有巨門化忌、羊陀之一、天刑更見天虛、大耗，而流疾又逢武曲化忌火星等和肺病有關。天機巨門主肝、脾、膽、胃。太陽巨門注意高血壓、眼疾、頭昏、太陽化忌更確。天同巨門主皮膚及胃病（坐骨神經痛、腰痛）以見大耗，天虛更確。巨門逢祿曜主消化系統暴飲暴食引起，巨門加鳳閣口舌齒之疾，加龍池為重聽。巨門化忌加昌曲，淋巴腺且有水厄，巨門化忌加天馬氣喘，加鈴星鼻竇炎（放鏡子制化）。

◎遷移宮巨門喜化權及化祿（化祿再見祿存主出外出大發，化權在海外有地位名利雙收），更有昌曲、化科更佳。若為司法專業需化權並有羊刃、昌曲、天刑、化科聚會，若太陽巨門在寅宮或亥宮再遇昌、曲、化科、化權、魁鉞，有外交官員或與國外工作有關事務，巨門會昌曲必利語言學習，若巨門逢祿、天馬、魁鉞必可成「公司負責人」。但化忌主在外口舌糾紛，再見四煞沒完沒了，再有天刑小心官司，有陰煞、鈴星再有天姚、咸池，小心仙人跳或有陰煞鈴星再有羊、火、空（因財），有羊、火劫或羊火陀因看不順眼被謀害，再遇破碎截路有分屍可能，在化忌掉入那年為應期，有地空劫加天魁化忌，會為長輩之類的人破財，在太陽巳、午宮位因光過強烈，反使巨門才華過露致招小人忌諱，若太陽或巨門之一化忌再見羊、陀、陰煞、蜚廉、天虛、天月更會發生，天同巨門見化權、化祿及祿存白手創業成功。若不見吉而見凶創業破敗以打工為宜。

◎交友宮，巨門在此宮主「口舌之爭」，若見祿曜，無論是化祿及祿存皆得創業好夥伴，若化權亦可，但自己需被朋友所領導有些從屬的地位感覺，更見四吉則助力更大，但也代表自己能力弱（本命三方無吉曜），巨門太陽入廟主「畏友」，更見吉曜主「仗義之好友」，且也可能有外國之友或受外國友人下屬幫忙。巨門天同，巨門之暗掩蓋了天同情緒之病，有「口是心非，言行不一」，若化忌是不利，若有陰煞、陀羅、天虛，天姚，主結交小人，巨門化忌易有口舌朋友多爭，見羊刃、天刑有恩怨，有空劫、大耗主敗財，若化忌有陰煞、陀羅主朋友偷盜自有財物，或暗中侵吞自己的利益。

◎事業宮，宜口舌生財，口述行業或是較有競爭力或是非之財，如推銷員、演講、教學、傳播、娛樂事業，亦可法律事務屬開創型，需見三吉化祿存、天馬、輔弼、魁鉞才是。如果見六煞天刑格局低下有犯法之勾當宜一技之長，如遇好的大運流年可自經營小生意。

巨門會化權、昌、曲、羊刃、天月、天刑可當醫生。

◆ 巨門有權、化祿，或化權、化忌更有羊刃、昌曲、天刑沒天月，利法律工作。

◆ 若巨門化權，有輔弼、魁鉞、昌曲，其人舌辯天下，有說服力可當外交官或政治家。

◆ 若巨門化權或化忌而吉凶曜並見有輔弼、羊刃、天刑會有領導力，又具煞氣，宜武職（軍警國安、情報）等。

◆ 若巨門化忌其人事業必受爭議，但更見祿存、化祿、天馬、主財氣旺，更有輔弼主領導力手下多。見四煞具煞氣可能旁門走道，黑社會混跡遊走法律邊緣。

◆ 若巨門化權有四吉曜有說服力且信眾多，再有華蓋、天巫乃宗教之人（宗教教主）。

◆ 巨門化科會昌曲，可成「社會名人」如名嘴、有名之記者或大公司公家機構發言人。

巨門太陽同宮名大於利，再有昌、曲、科名氣大屬專業事業，再見祿曜天馬可名利雙收。

天機巨門同度事業較多變動故成就不大，唯天機化權雖變動，但終究穩定下來，若見化科、昌、曲、天才可以頭腦生財，若見地空、地劫，多幻想可轉變成創業即可創新事業。

巨門天同主心思易變事業欠恆心鬥志，發展有限器小易盈。

◎ 田宅宮，主物業不穩定或常搬遷，祖業不守或不耐久，唯巨門化祿、化權，更見四吉曜才不斷地物產權變化，但仍可一直「自置產業」。

太陽巨門若太陽居廟旺，更適合海外產業投資等，但太陽化忌或巨門化忌更有四煞，因產業衍生明爭暗鬥或鄰里不和。

天機巨門同度主物業有起落見天馬更是。

天同巨門則常為家庭成員，人情倫常之事苦悶，而家中水易漏水或不通洩堵住之問題，巨門化忌必家宅不寧家人常有爭再有煞天刑，不宜自置產業宜久租居住或寄人籬下較安寧。

◎福德宮，巨門在此宮基本性質「勞心勞力，費精神」，見吉曜吉化亦是如此但勞而有成就；倘若見諸煞則壓力大心境難安，若巨門化忌最為不利容易憂慮且心神不寧，更見煞曜及天月主長期性失眠焦躁不安精神折磨，天機巨門同度主做事欠恆心、毅力不能貫徹到底。

若天機化忌或會陀羅主容易「追悔」及小心眼及為人敏感，巨門太陽同度看太陽廟旺吉，主有豐富精神享受光明磊落個性灑脫。若見煞曜忌則操心，若再嚴重些杞人憂天，若與火星同度個性火爆激烈。

若天同巨門同度，因天同享受懶散見昌曲，主精神優雅、心境快樂安寧見煞多煩憂且情緒多黑暗面不健康想法較多。巨門單星或雙星會火、鈴同度主「糾紛、鬥爭」，羊刃同度多破壞及口舌，陀羅同度主「身尋苦惱多憂煩」。

◎父母宮，巨門亦不喜在此宮基本有不和口舌紛爭之困擾，也稍欠天倫之樂，若見祿曜無刑剋父母俱在，但仍有口舌及感情欠和之象，若見祿曜又見煞忌，則雖得父母經濟的支援，但得不到感情的需要口舌亦多。天機巨門同度不利兩代關係發展，巨門有天巫同度，主有遺產之事再見魁鉞更確定。而巨門見諸煞、空劫、刑主不和紛擾衝突，沒有倫常之情也主父母「傷害刑剋」不能雙全，嚴重者主孤兒或其他親屬代為撫養成人。

十一、天相星

天相星代表人物封神榜聞太師，紂王忠臣司衣食祿，五行屬陽水，為南斗星化為印星，此星很特殊沒自己的本質與何星同宮或何星曜拱照，對天相之影響甚鉅逢吉則吉、逢凶為凶，另天相對左右夾宮，往往比三方四正來的重要，天相格局夾宮有一凶一吉，吉者「財蔭夾印」格，最正宗乃巨門化祿或天機化祿夾為大吉，另權祿夾亦吉。

太陽化祿夾亦可。而天同化祿夾較遜色。在十二宮位看何宮位夾有不同力量，命宮夾主榮華富貴，財帛宮夾主財源充足受人資助，在官祿宮夾主資金源源不斷，在遷移宮夾利在外求謀利順遂，在福德宮夾主有福祿可享心境愉快有安全感，夾六親宮受親友財力庇蔭，在田宅宮夾產業豐厚或祖業可繼承，而祿存和天梁夾印雖有財蔭性質，但必有羊同度，羊刃又為刑不利天相乃破格。

刑忌夾印為凶格，即為受羊刃及化忌所夾代表刑傷剋害災難破敗之邪性，最正宗為巨門化忌及羊刃夾，或天機化忌、太陽化忌、天同化忌、昌曲化忌夾宮，所不同是看何種星夾代表不同意義，化忌與羊刃夾宮，祿存必與天相同宮但弊大於利，若刑忌夾卻沒羊刃夾，天梁可化為刑，故化忌與天梁夾天相亦為刑忌夾印，只是沒有羊刃來的煞氣強烈，若化忌與羊刃未夾宮，但與天相同度其煞氣之大不亞於刑忌夾印，在十二宮依其宮位有不同之傷害，在命宮主自身有刑傷（殘缺）體弱多病，或事業不繼或生活困苦，及人生孤獨不利人緣交際。在財帛宮主財運不佳，短缺匱乏。在官祿宮主多壓力、經營不善。在遷移宮出外有災劫，在外不順遂。在福德宮精神若悶多憂煩物質生活短少。在田宅宮家宅不寧或置業生災或投資物業多破。

在六親宮則遭受親友打壓剝削侵吞或主刑傷不和。在父母宮不得父母護佑，刑忌夾印再有火、鈴、空、劫、天刑、大耗、更主「牢獄官司災厄不斷」。

天相乃溫和之星宿穩重喜助人有慈悲心，亦主合夥合作及故友重逢，在命及官祿官宜輔佐或策畫方面工作，也代表自尊心強喜面子，好裡子，若見輔弼、魁鉞或夾宮，則性情寬厚舉止大方，天相乃印星不可居高位或第一把交椅故宜居次位，即使遇三吉化、六吉曜也宜退居二位否則會進退失據，如「副董、副總、副院長」等依此類推，由輔助之職務利本命，不可獨當一職是優良的幕僚人才，有魁鉞更確。若陷位又無吉助則喜安定無創造力，若坐命又有煞則依賴心重做事虎頭蛇尾、無恆心故步自封易有傷災，天相本質不喜宗教信仰，唯見空、劫、天巫、華蓋才主信仰及修行。天相火星同度注意感情易衝動行事鑄成大錯。武曲天相寅申宮最具同情心，有俠客精神具正義感。紫微天相相同度辰戌宮位或祿存天相同度，此兩種組合主有「偏見、主觀強、好爭權」。而祿存天相同度受羊、陀夾亦主受人排擠不利人際，而武相、廉相，更遇天才及鳳閣主多才多藝，具有藝術業的天份，再見昌曲化科主「聰明好學」，天相無論廟旺與否更有羊、陀，則格局低下，以獨坐更確，宜一技之長安身立命，若有龍鳳、天才一技之長與藝術技藝有關，若不見龍鳳、天才則較低下的做工類技術，如油漆工、防漏水、工地建築雜工。天相會諸煞刑忌尤其刑忌夾印等主「自身殘疾」或刑剋六親人生孤獨，在四馬地宮位尤主人生漂泊再有天馬更確。女命天相如果獨坐則是先生當家，但有魁鉞、輔弼或財蔭夾印格也有一番作為，見昌曲則「聰明持重」，也可成就大事業，天相在丑未宮成刑忌夾印又有昌曲夾宮，對女命而言主孤但有多感性多情，而情慾不得滿足半生孤獨甚為苦悶，也有因情海浮沉或許可能出家修行，以見火鈴、天刑尤確。

大運流年天相坐命宮見祿存、化祿主財豐厚，但原命局不吉也主富足，見輔弼，化權、化科、主升官晉爵，原局不吉者僅是順遂較受長官器重，天相會文昌、文曲、化科更遇紅鸞、天喜而三方不見煞忌主結婚生子，若大運流年逢羊刃、天刑或刑忌夾印更有天刑、火鈴、主口舌官災；更有陀羅、陰煞、昌曲化忌，主「小人陰害」；見空、劫或空劫夾宮有大耗、化忌主破財，若原局凶則此大運「傾敗家產」，若大運流年之煞忌重重且本命原局不吉，主刑剋親人心靈苦悶，若福德宮也凶者主自殺身亡。

天相遇化科、輔弼是最佳祕書人才，有魁鉞是最佳幕僚人才，在四墓庫則第三大限前難以發揮（丑未）尤確，但丑、未、辰、戌宮位，人生多孤寂感（冠蓋滿京華，知心無一人）。

天相坐命之人喜用、青、白、淺藍色，勿用黑色不吉，忌穿黑色服飾。天相星再有桃花曜，特別是天姚則更愛打扮，若有化忌小心會因使用不當化妝品或做醫美而引起容顏傷害，若天刑加天相再有火、鈴且有化忌，主顏面皮膚潰爛或橘皮臉，因痘疤而不平再有桃花曜，因美容或女色而引起臉部傷害及性病等。

天相在情感上有「故人重逢之兆」或舊情憶難忘，在大運流年夫妻宮時：

一、未婚者遇到舊情人，已婚者會與老情人重溫舊夢，有天姚同宮會復燃，若只是會照僅見面而已。

二、離異者會與前任配偶相會，有化忌者會因念舊情人而困擾，再有天姚則是見了老情人而衍生困擾，天相力量薄弱若有桃花星同宮則會有桃花，天相重感情會念舊、懷舊，在夫妻宮念舊人、老情人。

在田宅宮會思念故鄉園景想守家園。

天相在火金宮位之人喜日光浴甚至裸奔；大運流年走太陽運女人霸權，有化忌更明顯。

◎ 兄弟宮可互助再有天姚、鸞喜、手足情深，若有火、鈴、羊陀則互爭嚴重且手足有人易有傷災。紫相同度主手足好強好勝，更有火鈴、羊陀，主受手足欺凌，見空、劫、大耗，因兄弟破財或受其侵佔剝削。而武相同度意見相左易爭執，見六煞則更嚴重。而武破、武相再有輔弼，且父母宮又有桃花曜，主異胞手足或有年齡差距大的小弟妹，若天相獨坐又見煞忌或刑忌夾印主刑傷六親無靠，再有空、劫、大耗受手足所累破財。

◎夫妻宮，以男命較女命佳，獨坐的天相主配偶甘心於從屬地位讓男人當家，反言之女命天相居夫妻宮獨坐便主先生軟弱由女人當家，男命天相見輔弼主妻「賢淑持家有方」。見昌曲主妻稟性聰明更有鸞喜主妻「容貌美麗」，此星在夫妻宮有一現象「親上加親」三種情況：

一、和親戚成親家。

二、和姻親家族親屬成婚。

三、曾經相識之人（同學、同事）如今再相逢發展出感情或分手多年再重逢，以見吉曜為確。

天相居夫妻宮者必然為七殺守命，即有孤獨寡合之性質，若七殺守命與天刑煞星會合其孤剋性更重，人生也較辛苦。

而天相必為天梁與巨門所夾，故不宜有化忌雙夾或火、鈴夾，天相居夫妻宮亦主很多時候配偶喜為人謀而不為家謀，故天相宜夫妻年齡較大差距及遲婚。男命天相坐夫妻宮見化祿再會祿存（疊祿），主因妻得財（包括入贅）或婚後與岳父母同住，自尊心長期受損，故一旦情變便有十分強烈之反叛。

廉貞天相參閱廉貞星。

天相在丑未宮獨坐對宮為紫破，命為武曲七殺此種婚姻可以發展到由頭恨到腳的婚姻。男命主妻奪夫權，若武曲化忌在命宮會有離婚，如果天相會昌曲配偶極可能外遇，無論感情如何變化男命依然可得賢內助，但心可能不在自己身上，趨吉避凶方式男宜大妻8～12歲，女宜小夫8～12歲，故天相星在父母、兄弟宮都有代表年齡的差距較大之意，但天相居夫妻宮而娶長妻也代表婦奪夫權之意消失。

天相武曲，參閱武曲星。

天相居卯酉夫妻宮獨坐，命宮為紫微七殺，因天相陷位更加強了夫妻志趣不相投之性質，也有老婆賢淑但脾氣剛猛之意，唯遲婚可白頭偕老。

紫微天相，參閱紫微星系。

天相巳亥宮獨坐，命宮為廉貞七殺，女命主夫有作為可成創業人材，但人生必經大波折才可創業，也主遲婚早婚不利有聚少離多之象。而男命主妻可成賢內助且服從先生為事業好幫手有夫唱婦隨之意，上述以本命廉貞七殺會三吉化而論，若沒會三吉化，女命容易意志薄弱入風塵，雖是如此仍然顧家，或丈夫不振不務正業嗜好多多一事無成，若武破遇三吉化則人生可積極，男命太太易入風塵來幫助先生（自己），再則天相居夫妻宮的好壞亦要參閱遷移宮的天府星的吉凶，若吉多其夫妻及命宮也佳，且多數人會離開血地向外發展。

◎子女宮，基本是不差的，主關係和諧，若有輔弼、魁鉞及三吉化，則為多產之家，若天相由吉曜所夾或其三方更有其他吉曜對星，則有雙胞胎之剋應，如天相在丑為昌曲夾宮又會輔弼、魁鉞或紫相在辰宮受魁鉞夾宮又會輔弼、昌曲，而沒太多煞曜均有雙胞胎之可能。

紫微天相主子女志高倔強，如見鸞喜同度則為長女剋應，若再遇煞曜和子女關係不和、子女難教育。相在子女宮感情較溫和但有煞忌同度或夾宮也主兩代有情無緣，更見天馬主分離。武相居子女宮情況和廉相類同但刑剋較重些，稍注意兩代之間溝通，凡天相和武曲相會，無論同宮或拱照注意頭胎有刑剋，若更見羊、陀、天刑、化忌更確定，女命煞重更有經常性流產。

◎財帛宮，從事公教職機會大，也有可能在財經會計單位服務，若有財星可從商，一般在四墓庫的話35歲之前難有財運，若有煞湊則一生難得財；有空、劫、忌不宜合夥宜打工。此天相若成財蔭夾印均主富足，天相見輔弼主財穩定，見魁鉞主多機遇生財，見昌曲可用文墨生財或以名得利。廉相更見祿曜可從商見煞亦辛勞。紫相此乃突發星系，即便無祿亦可發，但見六煞則橫發橫破，但注意為財爭不可太激進而失去人情。武相財源不差，但不見祿反見煞主「專門技能」謀生，見空、劫、鸞、喜、昌、曲主藝術方面發展。天相在巳亥宮獨坐，武破拱照，此乃天相在財宮最差格局，基本性質時得時失起伏不定，再有天馬更確，再見空劫寅吃卯糧，再有煞星重則人為財死犯官非。

◎疾厄宮，天相五行屬陽水為膀胱、泌尿系統、腎功能，也主生殖力，也代表顏面皮膚，在巳亥宮受武破拱照因武曲主金創外傷，亦主傷殘、破相，需見羊陀、化忌才是。紫微天相主「胸悶氣脹」消化不良引起胃痛、潰瘍，也主皮膚濕瘡。廉相同度再見煞曜空、劫，主腎結石、膀胱結石，如有天虛、陰煞、天月，則小心糖尿病，若會桃花雜曜忌小心性病。天相會空劫或被其夾宮更有天虛主身體虛弱虧損，女命有經期問題，天相會羊、陀、刑，注意外傷、胃病，若主星為廉相，則小心心臟衰竭，天相與火、鈴、天月，主感冒皮膚過敏、顏面膚質不佳，有破相可能，天相加羊、火、天姚、咸池，勿做美容，天相加火鈴，皮膚過敏，再加化忌、昌、曲、因藥物或花粉過敏，天相加陀羅、鈴星、化忌會長癬，天相加火鈴，長青春痘，天相加昌曲又有鈴星化忌，易有胎記、黑斑、雀斑。

◎遷移宮，天相在此宮為性質較弱，若命宮吉利不宜外出求謀，也常會想與人合夥，若有吉星仍有出外發達之可能，但有煞不可合夥也會有傷災，煞刑忌重或刑忌夾印夾宮避免外出遠遊有傷災。

天相與吉曜吉化會亦主外有貴人提攜，尤其魁鉞更是如此，得輔弼則受擁戴，在寅申宮與武曲同度可受海外人士之推崇，或紫相及廉相而獨坐則無此機遇，若紫相更有六吉曜或紫微化科、化權、亦主地位崇高受人敬仰。而武相得祿曜主「在外得意外財」有天馬同度拱照更佳，利經商發達但最好是有技術性的生意，如廚藝、工藝。

巳亥宮天相受武破拱照主性情剛毅，天相會空、劫、大耗，出外破財，尤其武相性質最強烈，流年、月逢之出遊有被盜之可能。天相與四煞會主朋友不多亦不得力，見孤辰寡宿更確，若交友宮吉可改善些，若更見天刑虛耗主小人及災禍。

◎交友宮，與人相處較念舊，懷舊會長期來往，也有久逢故友之機會，若有煞星則六親不利，此星只要不逢煞曜化忌主朋友友善，但沒輔弼主助力不夠，若與三吉化相會主多交好友見祿存友忠誠。若紫相則畏友，因受紫微影響之故見吉曜三吉化太多，反主友強迫自己合作的話易受攀肘被友所擺佈，若紫相見四煞則受下屬朋友的剝削。

武相在交友宮主無義多爭見四煞尤確，見空、劫，受友累破財。若天相獨坐而武破拱照，其性質比武相更壞再見忌煞，容易恩將仇報之事發生，更有空、劫、大耗，則因友失財，更有煞忌主受朋友侵吞，若僅見空、劫、耗，常為朋友請客破小財。

◎事業宮，可財政、金融，有魁鉞宜公教或公民營機構財經單位，有封誥更是如此，有昌曲宜大傳文化傳播或文學藝術，有輔弼宜合作、合夥，若有煞同度，宜技術製造業，有火鈴化工化學業。天相在事業宮有走回老本行之意，若獨坐則為老二從屬之命，儘管多見六吉曜三吉化亦是如此，如副董、副總、副處長、副隊長等，若見四吉曜三吉化也適合走政治此路。紫相性質強烈且有領導才幹適合管理職或政界。武相有見四煞天刑則可從事軍警立功邊疆，若有財星天馬則可金融、投資經貿、財務工作，若是煞刑忌重宜一技在身。

廉相見煞曜再得四吉曜、化權星有馳騁沙場之說可任軍警之領導亦可從政。而巳亥宮的天相受武破拱照變動性較大成敗不一，若有天馬宜流動生財或事業多變，天相若會地空、地劫，其性質亦不利再有大耗更不吉，最好從事技藝、技能、技術業，再見祿曜可辦工廠實業，有龍池、鳳閣，宜藝術方面技能。

◎田宅宮，會有懷舊守故園之情緒，加會吉星有不動產，有四煞與化忌時易與家人紛爭，尤其見火、鈴為確有昌曲宜住文教區或居家佈置有文教氣息，大運流年逢之更思鄉情切，此星有天巫主有承繼祖業有祿星主產業豐隆。紫相祖業難但可自置。天相不喜空、劫、大耗，有祖業也難守自置亦困難，而會化忌或刑忌夾印，多有敗耗傷災如巨門化忌主口舌紛爭，有天月多病，而有災煞、劫煞天虛多災難家宅不寧，羊刃同度多是非更有化忌天刑有官非。

◎福德宮，講究穿著品味也重精神層面，心情安逸晚年運佳，有煞喜尋幽訪勝心情亦多操煩。天相丑未受紫破影響不易妥協，常為財官邁進極力爭取。在卯酉宮受廉破影響心直無毒但見煞私心很重。在巳亥宮受武破影響有擔當但易隨波逐流，只要有會雙祿仍主物質豐厚不愁衣食見輔弼知足常樂。若化忌同度或刑忌夾印主精神不快有壓力，而會空劫或夾宮多幻想多說少行，命吉尚好不吉則坎坷。

天相會四煞再有空劫，欠恆心、缺毅力嚴重者連照顧自己生活能力都沒有。

◎父母宮，加吉星父母乃權貴之人亦可得父母庇佑，若紫相因父母地位崇高而得到護佑家世不差；有煞父母易有災劫，若第一大運走甲乙庚宮干，則在第一大運父母恐有傷災，天相在沒惡煞曜會或夾宮主感情和諧，見昌曲更主二代感情融洽。而武相不利六親緣有刑剋災病，或父母與自己少語。廉相亦同。若有財蔭夾印格主父母可得財力支助，見天巫有家業可繼承。

十二、天梁星

天梁星封神榜代表李天王，周軍主帥，百戰不死，蔭星也是老大星，說話較誇大虛實，五行陽土屬南斗星主壽化為蔭星，此星在命身宮都會影響人有名士風味、懶散，隨興拖延之象，老年遇之有病災亦能延壽，在命及福德之人有宗教信仰有善根的。與天機同度較有出世看破紅塵的僧道，但其性格上有上述缺失。若會輔弼、魁鉞、昌曲、化科、化權都能表現出有原則，有果斷力是專業執法的司法之才。此星是壽星居命或福德宮常歷經風波死劫重新活過來。見煞忌則有帶病延年之性，多病卻又死不了，遇天壽、天福更長壽。此星為蔭星有庇蔭他人之性質為貴人，喜會魁鉞、太陽可護蔭他人，在大運流年逢之更有煞忌，主風波災險化險能為夷，但在老年天梁在福德會諸煞刑忌耗則為死限。天梁在命宮不宜見火鈴、羊陀、刑忌、大耗、天月、陰煞、天虛，人生多險阻煞重身帶頑疾。若在巳宮則一生不平凡經歷，多次死劫而活過來。若天梁在命及福德宮和空、劫、天空、華蓋、天巫相會主「宗教信仰」，再遇有昌、曲、科、天才為一代宗教或領導人尤其機梁同宮之人為確。太陽天梁同度卯優於酉宮在卯宮（日照雷門），主貴星主名不主利適合專業工作，喜得昌、曲、化科、天才、龍池、鳳閣，可成專業人仕或藝術工作者，天梁喜廟旺之太陽會照以解其孤剋之性，若子宮太陽就難解午宮天梁之孤，故人緣不佳（性情爽朗鋒芒太露），易得罪人在未宮天梁亦是如此。天梁在命並不是商人之命，即使見雙祿天馬亦復如此，因易招是非，但得六吉曜化權，化科主「為政清廉」或在公共機關的領導高層或適合公司法務人才。天梁在午宮因太陽陷有祿存同度時，反受羊陀夾宮更是人緣不佳，另外天梁化祿也不適合為公務人員，容易因收賄有紛爭遭指謫貪污之行為，反之太陽在午宮可解天梁之孤剋性，但正午太陽太烈反因才華太露也有損人緣。

天同天梁在寅申宮同度為「機月同梁」格，若擔任行政公職或在私人機構從事行政工作，見四吉曜甚為稱職。但如果見祿曜則商業化工作或多有兼職或多元化業務。若有天馬拱照宜流動性職業如：交通運輸或公職等。另天梁在命者，若自創事業宜用「股份有限公司為宜」，以減少風波是非或由合夥人主導業務，自己退居幕後或監察人身分為佳，若在遇六吉曜化權時更適合監察職務也可公職擔任。

天機天梁主健談，博古通今更有昌、曲、化科、天才、學職更淵博，也可從事學術、教學、文字創作、文化界。在巳亥宮天梁獨坐天同拱照，及申宮天同天梁同度都是較浮蕩星系事業不安定，人生更不安定再有天馬拱照更浮蕩，常沒有家庭單身到老見孤寡更確。若上述的命宮裡更有昌、曲、化科常主遠遊各地在外求學，若再有祿曜則宜海外謀生或流動生財（如機師、海員），若上述情況有天馬拱照更有鸞喜、咸池、大耗、天姚、沐浴等桃花曜，則喜愛享受悠閒卻不想工作，尤其沉溺於情海肉慾中，即使不見煞忌也是社會浮沉，女命易入風塵或多婚配。天梁會羊陀為災難星系之基本架構，煞重性命堪憂，天月同度主大病，與天虛同度一生體弱。天梁與羊刃、天刑、化忌會主官司牢災或命造有犯法之傾向。和火鈴同度稍好主「虛驚」，若煞重人生遇挫折有「自殺輕生之念」。天梁與地空、地劫、大耗同度不利財利，主好遊玩不工作之象，見祿曜只要不經商可解財運不濟，也可勤能補拙宜一技之長。

天梁在巳宮吉煞並見常為特工，或有危險任務之從事者。天梁會昌、曲可憑筆墨維生，女命天梁和男命同論，見昌曲、化科、天才、龍鳳，主多才藝，無論何宮天梁會四煞皆主孤獨不利六親緣，若所會太陽入廟則刑剋較輕僅是不和，若天梁不見吉曜吉化便有好玩懶散，若更有空、劫、大耗及桃花曜則缺欠財源又流於安樂，在走大運流年天梁遇吉曜時，因非財曜僅富足不為發財，僅利專業人才或公教職。在走天梁宮限運時要多注意人際關係，在子、午、卯、酉宮喜用淺紅色，在四墓庫喜黃褐色在四生宮喜黃色。建議天梁喜居高地而向陽，不喜河床或水邊喜杜鵑及榕樹。

流年夫妻宮逢壬干天梁化祿且三方又有羊陀沖且會天馬，則夫妻有分離之象；若該夫妻宮內有天哭、天虛之一時，有可能會因夫妻之一方死亡而有保險金或撫卹金（此時可用假離婚來制化），要參閱配偶命盤及自身吉凶或以上這組星系在何宮，何人之宮位出現時亦同論。天梁有昌、曲、加火鈴化忌時主血液方面之疾，在疾厄宮更確，也主腺體之疾要多方會煞才確，雙星同坐疾厄宮時以同宮之星論病星性，如天機天梁，會有膀胱之疾。天梁加火星、空、劫，接觸佛教機會大，天梁加羊陀接觸道教機會大，天梁加化忌、鈴星則是基督、天主教。

◎兄弟宮，天梁性主孤不喜在六親宮位但只要不見煞，仍主感情和洽見四吉曜才有助力，若父母宮見昌不見曲或見魁不見鉞，且更有鸞喜，咸池，天姚、沐浴、大耗主有異父母手足，天梁不見輔弼而更有陀羅主暗爭，有羊刃同度主傾擠若再見煞及天馬主分離。

太陽天梁卯比酉宮吉利，在卯不見煞凶星不主爭產妒忌，若再會六吉曜化科主助力提攜。在酉宮性質較弱些，在酉宮若化忌更有諸煞主「互生誤會妒忌」，若見天同、巨門化忌也是如此，見太陰化忌主爭奪家產遺產而分裂，天梁三方會太陰若宮內鸞喜，主有姊妹少兄弟。

◎夫妻宮，天梁有解厄消災之性為蔭星，但在六親宮位有先遭麻煩阻礙再來化解，所以在夫妻宮就波折較多了。此星且多孤忌色彩不宜再與煞同度，尤其鈴、陀若天馬與天梁同度夫妻宮必主情深緣淺，若再見祿星更確，所以天梁不宜見祿星，見之反不吉。代表婚前阻礙多，若婚前無波折則婚後有更大災難及分離。一般為行運遇火星為剋應之期。天梁天月居夫妻宮主其人阻滯亦大，而婚後感情亦枯燥乏味。

天梁與昌、曲、化科同度其配偶相貌出眾清奇但性格必帶挑剔，喜吹毛求疵，若祿存與天梁同度會鈴星化忌，主配偶尖酸刻薄；若再與台輔同度，則有貪財竊盜之性，或被配偶出賣，重利輕情之性。

若天梁與化祿、破碎、蜚廉同度可斷其配偶喜搬弄造謠生事。天梁星有一特性在夫妻宮時，宜女方比男方年紀大較吉，若天梁天壽同宮，女命丈夫年可大很多，但男命則不會差太多，天梁有破鏡重圓之性，主婚前有變化而破鏡重圓，可能經大吵鬧後分手再結婚，或遭人反對再結婚，也可能婚後因誤會離異再破鏡重圓。天梁在夫妻宮為郎才女貌，女命、丈夫有才學，男命妻子美貌，特別天同、天梁及太陽天梁，天同化忌、天梁同宮主離剋，一般可達3次之多。

在子午宮，獨坐命為借宮之天機太陰，男命妻宜年長，否則有災劫，在子午宮配偶會有名士之氣質（懶散、不重視財），若見陀羅、空、劫，而命宮見輔弼之一或夫妻宮見輔弼之一便為離婚之兆。

在丑未宮，命為天同獨坐，丑宮為吉，此一組合不主感情變化只主配偶災病，若夫妻宮四煞並照又化忌，則帶病延年最怕見天月主慢性病。如果天月、天哭、天虛、陰煞、大耗、月德、天刑齊照，丑未宮之天梁主配偶癌症，一般為女性乳癌、男性胃癌，以會到上述星五顆，即可能發生，除非天壽與天梁同度就不代表癌症或早發現早治療。

在寅申宮參考天同星。

在卯酉宮參考太陽星。

在辰戌宮參考天機星。

在巳亥宮為借宮之太陽太陰坐守，男命喜巳宮，天梁因其命宮沖照之太陽入廟旺，對太太有利（此點為婚姻宮出發點非命宮），主太太好，對婚姻有利，女命則相反道理同前，不管巳或亥宮皆主婚前單戀。

在行運流年到武曲、天府時，易被有家室之人追求發生困擾，女命主婆媳不和，妯娌不和、丈夫易有災病，而男命主妻子體弱多病，易和配偶兄弟、連襟失和，在行運到貪狼、廉貞時為夫妻宮，要檢視有無桃花曜入夫妻宮容易亮紅燈，大約在第四大運，若有祿馬交馳，亦有情海生波。

◎子女宮，主子女稀少再加鸞喜、天姚、咸池、沐浴、大耗，則有花無果，見六吉曜化權、科主貴，見雙祿曜天馬，才主富，有天巫更有吉曜主子女能繼承自身產業。天同天梁同度一般主先花後果，天機天梁主子女少更有六煞曜主「流產」、早產或幼年多災病及傷殘等。以會太陽化忌，太陰化忌災情最重，天梁會六煞、刑忌耗主孤單，更見孤辰寡宿尤確，有輔弼時會收義子也代表子女可從事公職。

◎在財帛宮天梁主貴不主富，即使會祿存有化祿主有財氣，見天巫有祖產可得，天梁太陽同度主名主貴，可以名生財。若見煞曜忌主「因財產有爭奪之象」。而天同天梁則為白手起家，見吉曜可創立家業，循序而發。天機天梁同度有財來財去，時好時壞之兆，有羊刃同度則辛苦財，見雙祿之一則適合流動變化之財，財源細流水長流源源不絕。天梁居子宮主有財源收入平穩，但支出亦凶，更有煞曜主「剝削極重」，天梁會化忌星主「口舌多災多是非」，若是會上太陰化忌主「因財而生精神苦悶」，見煞尤確，天梁星居財宮有一特殊現象常有意外財或不勞而獲之財，也易為財困擾，有化祿及祿存或科權會財源滾滾，僅化祿代表有財氣且帶些煩惱，若見煞易有財糾紛，若又天梁化祿常是行賭之財，若此煞星組合是羊刃加天刑會因此有官司，天梁在財宮宜服務業，有輔弼宜仲介、保險業；有魁鉞宜公教職，有昌曲，宜文學、藝術美化事業或命理業，若僅天梁獨坐無其他吉煞曜宜自由業。

◎在疾厄宮，因五行為陽土其基本性質為胃疾，其逢凶化吉在流年見之較有利，其胃疾多為飲食不節制引起消化不良，和火星同度為腸胃炎，與羊刃同度更會天刑為盲腸炎，若與羊陀會則傷在手足肢體主筋骨傷害，一般與火、鈴同度再見「太陰、天機、天同、太陽」化忌，可能是胃癌、腸癌，若與空、劫、大耗會主關節及肌肉毛病，包括風濕、麻痺、肌肉痠痛萎縮，天梁與天月、陰煞均主慢性病，與昌曲同宮主血液腺體之疾。

◎在遷移宮，因天梁也主貴人，主在外貴人機遇多，更見魁鉞更得貴人扶持，但主貴不主富，但有祿曜會反適合海外圖謀發展而發跡。

若在巳、亥、申宮性質變化且浮蕩，主東西奔波勞碌多忙，卻勞而少成，若更有六煞化忌、大耗等在外招災破敗。若天梁化權在外受人敬重，化科可能出外升學學習、化祿利經商謀生。天梁在午宮在外人緣不佳，易有紛爭再有祿存，則小人傾擠更見陰煞化忌、天姚則小心在外遭人暗算謀害。天機天梁同度因性質多變動，遇六吉，祿曜依然在外有享受發展。但天機化忌再有諸煞則不安定且易生災劫，他鄉流浪。太陽天梁同度以卯宮佳，利海外成名見昌曲、化科更是，尤利海外讀書，再有四吉曜利海外專業生財，若天同天梁同度，受天同福星之故，主在外安定，若見煞曜生活不順，多失意，天同化忌更不利情感之事，或本人情緒表達有違常理。天梁會火鈴出外有災，為財煩而去外地求神拜佛，火星在流年遷移宮，會常走廟，有煞又有財星同宮，出外亦有財糾紛，也會走投機行險之路，與羊陀會主爭執不和或小人陰害，再有天刑及官符在外常有官司。

◎在交友宮，因天梁有孤剋性主友少。但有四吉曜及三吉化亦可得正直之友，及友有助力，只見輔弼僅是友多但未必有助力，也比較會認識和宗教相關之友，若煞忌多又有空劫則常有人借錢；三方再見忌有去無回。若天梁化祿又有煞同度會認識品行不良之人且此人有貪污之事。天機天梁同度朋友來來去去不能長久，助力也不持久，化忌更不利，更見陀羅，陰煞、天姚，則部屬友人表裡不一並侵吞自己利益。天同天梁同度較佳只要不見煞忌，可得益友也忠誠，有昌、曲私交更好，見四吉曜部屬朋友助事業發達，若天同化忌則感情有傷，受下屬所累。太陽天梁同度主貴友，見煞忌則不然。

◎在事業宮，因主貴比在財宮好，可服從公職、慈善事業機構、服務業及命理、宗教業，與昌曲化科、天刑會利司法或執法者。若在午宮與四吉曜同宮化權、化科會可居政界委員，若會祿曜、天馬、魁鉞化權，可居商業領袖，會三吉化、輔弼主「權高位重」。若太陽天梁同度主要專業技能，或文或武才藝揚名，再遇昌曲化科、龍鳳更是如此。天同天梁同度三方會天機、太陰乃「機月同梁」格，主在大機構公家單位擔任行政。而天機天梁亦為「機月同梁」偏格，較具變動性變愈多，愈沒事業根基成就也少。若天機化權，雖經多次變化也會穩定下來。天梁會四煞主有特殊任務，以巳宮為確，他宮主事業工作多災難，九死一生，若命吉，乃非凡人物命格，也可能是黑幫奇人。若天梁加昌、曲、空、劫、天馬，會是卜星相方面江湖郎中。

◎ 在田宅宮，因為蔭星能得蔭故有田產，宜居高地乾燥勿潮濕，但不一定是祖產承繼，見天巫、魁鉞才是。若有火星、華蓋家中有佛堂或住在廟旁。天機天梁具浮蕩性，主祖產業有變動或自身常搬家，有祖業無法守，見祿曜可自身置產業。天梁太陽同度較不利田宅運更有六煞曜、大耗，因房產而有爭執。天梁只要會四煞，主置業多糾紛及鄰里多不和，流年逢之勿置產，但不包含炒賣，天同天梁及巳亥宮及寅申宮更會地劫、空，人生多漂泊，一生難置產業或常搬遷，有天馬更確。

◎在福德宮基本性質安逸享受，乃精神享受非物質，會對宗教、哲學、藝術、命理心靈探討、歷史等有興趣，天梁會諸吉，見輔弼、魁鉞主福厚，見祿曜主物質豐厚、快樂自在。但天同化忌和天梁同度，有魁鉞並見陀羅、陰煞、天姚、天哭、天虛、天月，命造可能為弱智之人需人照料。天機天梁同度主精神變化大，稍見煞曜主「勞心勞力」，若天機化忌則無福反多煩惱（杞人憂天）。凡天梁坐福德必為悠閒之人，若見煞即是情懶散拖延，再有陀羅更嚴重。因福德宮為夫妻宮的事業宮，故會憂煩配偶的工作。

◎在父母宮主有庇蔭之福，見三吉化、魁鉞尤確，更見天巫有遺產，另父母是公教職業率大，若有魁鉞、昌、曲，主父母清顯財官雙美，在午宮更確。若有煞星父母可能是技術業者，而有財又有煞，父母較有財糾紛。天梁陷位，主刑剋父母會到天馬有分離之象，天梁遇四煞兩代不和，天梁也主分離，但見吉曜分離可能是上一代，因工作環境而與子女少聚，見煞刑忌重則受遺棄。太陽天梁同度卯宮，更有六吉化科化權，有父母庇護在自身教育甚受提攜，在酉宮或見煞忌則不是。

十三、七殺星

七殺星代表人物為黃飛虎，紂王忠臣為武將，代表勇敢果決性情剛毅強硬，故人生較孤剋，較嫌六親緣不足，而在事業上卻能勇往直前苦幹實幹之精神，即使不會吉星吉化或反遇煞星，也能得名利富貴的。七殺會紫府在寅申宮位，七殺在寅宮因紫微（北斗），天府（南斗）星，故稱七殺仰斗，而七殺在申宮反之稱七殺俯斗格，此乃七殺星系大格局之一，主「貴人提攜」，若不見煞曜更有四吉曜、祿存，天馬則適合「工業工廠方面」發達，若不見祿馬，反有煞臨則可擔任軍警的領導者，而七殺在午宮和廉貞同度，則是「雄宿乾元」格。此外，七殺在午宮守命，而廉貞在申宮守福德宮亦為「雄宿乾元」格，其餘均不符此格局。凡七殺居命之人較孤獨，無論人生有多大成就都會心靈空乏，天府永遠在七殺的遷移宮，若此宮多吉曜則對七殺人之性格較柔和些，人生也減少波動性。如天府宮位性質弱則七殺性質會過剛則折，即使人生成就就愈大，但六親緣依然淺薄，精神更空虛。

七殺和六煞化忌天刑相會，尤其是武曲或廉貞化忌主命主肢體有殘傷，若對宮天府多吉曜多同度主「外表果決內在有退進之考量」，而七殺即便不見昌曲，也主「富計畫，善謀略」，反而見昌曲會進退失據，猶疑不定，不夠果決。故七殺居命，若三方四正見吉星遍布不如吉星置於其六親宮位較好，反而人生較平衡不會有大風浪，心境也安寧，男命宜在福德宮多見吉而女命則在夫妻宮多見吉。七殺見化祿祿存利商業，尤其是工業實業見輔弼主多手下事業局面大，更見化權更利人事管理，與昌曲化科會只利工業科技之專業研發。

見魁鉞主事業有好的機運，以能得祿曜最吉能使個性柔和，又不失事業進取心，另發展也順遂財源充足。而七殺坐命有一特性，一生要大敗耗一次，見祿則能東山再起或沒那麼嚴重性，若七殺遇煞、刑忌，主各種傷害如自身傷殘或意外身亡，或性格剛愎或行事手段激烈不講情面，搞得人際關係極差，也可能行走偏途惡業中有惡報。七殺在卯宮武曲同度其煞氣更兇，剛剋甚鉅。七殺以在寅、申、午、未宮最吉，此四宮即使見煞不見吉亦在事業有表現，七殺坐命有空、劫、大耗宜實業、工業為佳，或有一技之長，若商業投資主破敗傾家，更有煞忌破財更大。七殺居命能見四吉曜、化科利政界，見羊刃、天刑宜軍警，更有輔弼、魁鉞更能晉升管理高層。凡七殺居命其必有人生的缺憾，而體剋應要檢視命盤各宮位，若財宮不吉，主經濟拮据，事業宮不吉主生意破財工作難覓，夫妻宮不吉主刑剋諸如此類。

七殺在寅宮性格清高，見昌、曲、化科可為人師表。若與四吉曜、化權、羊陀、火鈴會，則為黑幫領袖。女命七殺最忌夫妻宮多煞曜人生坎坷、心靈空虛，若女命七殺見吉曜吉化可處理家務也可在事業上與男人一爭長短成就事業。大運流年七殺守命星曜吉化多遇之主去舊佈新，但會煞忌多則為劣運。女命七殺坐命個性獨立豪爽，宜職業婦女，不喜小孩，除非子女宮吉利或有紅鸞、天喜，天姚者例外。

七殺之人多用紅、黃色系，公司行號可多以七殺為坐會議室較佳，若夫妻臥房在此位，則夫妻感情不佳、各自為政。

◎兄弟宮，主情緣淺薄，有煞更易爭鬥，若廉貞七殺同宮主兄弟有助力，有寅申宮主兄弟清高有良好助力。

◎夫妻宮，因此星孤剋性重，具有堅毅寂寞本質，故夫妻容易感情淡薄。七殺本身就有化忌之性質，宜配偶有事業發展為佳，男命妻宜職業婦女，此夫妻宮不宜三方再見天刑，化權組合，否則有無情決裂性，若逢煞忌易生挫折不喜見鈴星，更使婚姻生活有蒼涼之意，勿早婚且波折甚烈，早年戀愛也多阻礙，有情無緣，以女命較男命佳，不論男女其配偶均不宜從事投機事業賭博行為及炒賣房市、股市，易大敗耗。在行經天機、巨門運限時決主變動再有煞忌其變動有波折及創傷，可用嫁娶異族來趨吉避凶。七殺喜遇化祿主開展事業有成，但與祿存同度會有拖累猶疑之性。

在子午宮七殺，其命宮必為廉貞獨坐，主初戀及第一次婚姻不吉，宜遲婚也主配偶在年齡、種族、外貌雙方不相稱，此夫妻宮女命較多是小三偏房扶正，男命夫妻宮在子午宮特別遷就妻子，但男性命坐廉貞自身桃花也多，在外花天酒地仍會回到妻子身邊。

在丑未宮參閱廉貞一節。

在寅申宮七殺獨坐命為武曲獨坐，而其福德宮為破軍對廉相代表有挫及反叛，故主遲婚三心二意反反覆覆，男命妻宜小5歲，女命夫要年長5～10歲才好，而配偶一定忙碌少家庭樂趣，也主配偶常為有婚人士追求，若見桃花曜更確，若命宮形成「鈴昌陀武」格局，不利男命。

在卯酉宮參閱武曲星。

在辰戌宮，命為紫微獨坐，男命較好然女命不妙，因七殺入羅網宮，主夫無鬥志，所以最好有煞星同宮來刺激七殺鬥志，但無論男女婚前多有波折，且有刻骨銘心之戀愛，若會齊四煞而廉貞在對宮化忌，其配偶軍警界可位階高層，若格局低則為小保全，此宮七殺在天羅地網喜見煞，否則多為懶散之輩。

在巳亥宮位參閱紫微。

◎子女宮，基本性質關係較寡言，見煞忌刑剋災病，會空、劫、破耗很重，見大耗更確。在卯酉宮遲得子，再有天壽則更久或晚年得子。

◎財帛宮，對理財方面判斷較有失誤之象，故不宜投機，喜得祿曜主（財源極豐），化科可因名得財、化權利管理生財，逢顆煞曜有意外財富但不耐久，遇昌、曲、化忌主受騙，會空劫、耗忌不利財運，一生會一次重大經濟困境或傾家破產。

◎疾厄宮，剛剋之性重與羊刃同度主幼年多災，性情急躁易怒注意肝疾，如主呼吸系統、肺結核與廉貞化忌同宮主血症、吐血之類，也主外傷金創之傷也主瘤。在寅申宮腸胃不和，見煞忌才主胃胰癌與火星是同度肺病，與羊刃同度主腸胃出血或腸炎便血。

◎遷移宮，因七殺具霸氣見四吉曜三吉化主「在外有地位，權力令人敬畏」加煞則霸道。武曲七殺在外有利可圖，見祿耀更佳。若武曲化忌則事業破敗更有煞耀則更不理想，再有羊刃、天刑，則有訴訟牢災。

廉殺同度未比丑宮吉主出外有名聲，見祿曜始發，若廉貞化忌在外多是非，紫微同度主有貴人遇有魁鉞更確，七殺與天刑同度其基本性質有災遇，再見煞忌則更確。

◎交友宮主容易招小人，火、鈴同度遭謀害，陀羅同度小人妒忌，羊刃同度受拖累，空劫同度遭「偷盜」或受侵吞利益，祿存同度主小人傾擠。

◎事業宮適合工廠、實業，見空劫最好從事工廠、實業否則破財，事業不濟，見祿曜可發。若會四煞、天刑則適軍警職，有輔弼、三吉化管理能力甚強，見祿耀吉化宜經商。若會武曲、廉貞、化忌易破財，宜一技之長或武職。

◎田宅宮，主不吉，一般無祖業可繼承，見吉可自置。在寅申宮有貴人機遇，再有四吉曜、祿曜主貴人之助而自置物業，廉貞七殺可增置產業，若七殺會化忌如武曲化忌則地產失利、廉貞化忌多病災是非家宅不寧，七殺最不喜「火陀」、「羊鈴」組合為剋應最重，若「火羊」、「鈴陀」

則刻應較緩弱凶氣不大。

◎福德宮，性格較積極，不喜安閒見吉曜主積極有成（以腦力行事不用體力勞動，武曲七殺同度二曜性質強烈），主「心煩不安」見吉星吉化則可在心煩，想出解決之法，若武曲化忌不利人際關係，而財破。廉貞七殺同度主忙碌吉忙有成，不吉徒勞無助。紫微七殺同度，主做事有野心性格積極又有些高傲不服人，宜自我控制不可心眼過高。女命七殺福德宮主不吉，多與婚姻有關。

◎父母宮，主父母無緣易遠離父母，見火星同度或會天馬尤確，若七殺不會火星而命宮有火星也有此性質，或武曲七殺或廉貞七殺有逢化忌主刑傷。

十四、破軍星

破軍星及乃封神榜紂王，主暴虐無道及勇猛之表徵，五行屬陽水，在天屬北斗星，化氣為耗性質和七殺相似，但變化和剛剋程度更激烈。破軍在命其七殺必在財帛宮，故一生也有致少一次的大破敗之剋應，此星喜自身化祿可減剛剋之性，見祿存亦佳。相反地破軍最畏化忌，武曲廉貞化忌皆不吉，也不喜貪狼化忌，另外昌、曲、化忌，也不為破軍所喜，在亥、子水宮位及丑宮均主凶。破軍坐命只要稍見煞忌，在外型上可能有些缺點或出生時有早產之象，以致體型小或體弱，若煞刑忌耗重則傷殘。破軍在子午宮入廟主「忠厚善良」，更得吉化且三方不見煞忌為英星入廟格，乃突破有成得富貴，若破軍坐命無祿曜但福德宮有祿曜亦可，此星除得祿曜外或有化權再見四吉曜，也主「國家棟樑軍警之光」。

破軍在未宮與紫微同度均入廟，乃突破開創之力極強，也主大吉利再會吉化曜，可大富貴受人敬重。在辰戌宮破軍獨坐而對宮為紫相主無情冷漠主人緣不足或在關鍵時刻流露出無情的態度，也有在身體（腦神經、心臟、腎臟、腸胃病）之病徵剋應全都是精神壓力所致，在此宮位即使不見昌曲化科，也主文藝氣質但不主會從事此方面工作，反而見昌曲不是好事主進退失據，見煞曜刑忌人生起伏性大，刑剋妻子。武曲破軍同度為飄盪之象，見吉曜吉化可在海外成名吉煞交雜適合武職。破軍在寅申宮獨坐性質亦浮蕩不定人生漂泊有離家重拜父母，若破軍火星同度或父母宮無正曜、火星獨守尤其如此。但此星系受武曲天相影響具正義感見義勇為，也性情倔強再見煞曜又流於脾氣剛烈（好勇鬥狠、橫發橫破），宜一技之長安身立命，但人生不免孤獨，破軍不喜會昌、曲，因性剛又遇昌曲的柔反生矛盾，心中多怨無法成就事業。

女命破軍無論在十二宮，任何宮位均不利婚姻，但格局吉利者可和男人在事業上爭一長短（有丈夫志）。大運流年命宮坐破軍者，吉則去舊換新，不吉則「傾家」、「事業困頓」，但程度如何需參閱原命局之特性。

破軍之人，剛強好勝直話直說，較嚴以待人寬以律己，較寡合多是非，有衝勁性急閒不住也些許潔癖，見煞情緒化大。

破軍所在宮位勿住人主變動或聚少離多，陰宅在此方位易崩倒，水患、蔭屍或家族離散為不吉，此位最好是家中廚房。在四墓庫又有華蓋會熱好宗教哲學，有昌曲則多宗教活動。

◎兄弟宮，主情薄緣少各自為政，再有煞更不團結，宜分居為宜否則手足刑剋災病。另此星居兄弟宮，不論自己是否為長兄姊都會照料手足，若破軍吉曜吉化相會也可「兄弟有依靠」，僅在感情上而非生意夥伴。

◎夫妻宮，因化氣為耗，有先破後成，破舊立新之意，一般而言初戀及早婚難偕白首故遲婚為宜。凡破軍在夫妻宮必為天府坐命，故天府要三方見祿才主穩定，所以天府見祿比破軍見祿更重要。若夫妻宮不見祿但不要見煞星，仍主與配偶關係穩定，但與配偶性格有不契合之缺點，仍可化解。若破軍與煞同度，則不論男女不宜對婚姻期望太高，必主無情無義決裂，斗數殺破狼皆主變動，破軍變動帶有先破後成性，所以破軍化祿便主開創力量強，居命宮或事業宮均吉。但在夫妻宮則有情人或繼舊貪新之兆，不論男女皆主不利婚緣，第二段感情會比第一段好。倘若破軍與昌曲同度，則雙方缺乏情趣，也主配偶文不成武不利，半沉浮性，與羊刃同度主孤獨或配偶嚴重缺乏溝通，再逢鈴星主配偶慾念極重，不宜再見桃花，以免產生不必要感情困擾。破軍見祿即使成為祿馬交馳也非吉論，因夫妻宮是特殊宮位，不能以一般法則去推斷，即使祿馬交馳再逢煞曜，不論男女主見異思遷之性，破軍在夫妻宮不宜與天鉞，右弼、文曲、天姚、紅鸞、天喜、月德同度，否則極難一婚到老，早婚因意氣之爭而分手，但有復合之機要檢視大運流年。破軍在夫妻宮要嫁長夫，或先同居，或婚後聚少離多及遲婚才較好些。若武破居夫妻宮主生離，尤以武曲化忌主配偶有重病易有癌症（肝、肺癌）居多，而廉破同宮要提防配偶外遇，紫破同宮要嫁長夫或娶年長之妻，但不要破軍化祿或祿存同宮對家庭不利。

破軍在子午宮而命宮為紫府主妻奪夫權，若年紀相差不遠，則刑剋更重。可參考前面所述破軍在夫妻宮之特性。

紫微破軍在丑未宮參考紫微星系。

破軍在寅申宮命宮為廉貞天府對七殺，所以自己和配偶皆不能投機會破財，另女命容易愛上有婦之夫和有婦之夫結婚或同居，因福德宮為貪狼在子、午宮容易成泛水桃花，另命宮天府會到紫微及武曲有傾向和有婦之夫戀愛。

廉貞破軍在卯酉參閱廉貞星系。

破軍在辰戌宮命宮武曲天府坐命，在天羅地網宮女命無太大問題，只要自己助夫之工作事業即好，如共同經營商店，因在天羅地網宮主夫有家庭之責任，雖夫之事業未盡理想，只要自己能助夫同心合作就沒什麼問題，若男命夫妻宮入天羅地網宮，則再看自己命宮可有沒有會到化忌、地空、天空或見輔弼均易離婚，尤其廉貞化忌會入，更增加離婚之性，在第四大運不佳，有可能在此運出現波折（天機巨門大運命宮）。

破軍武曲在巳亥宮參考武曲星系。

◎子女宮，刑剋重不利長子，稍見煞曜主生產，長子不利（流產、不足月或破相），以先花後果為佳，遇鸞喜、咸池、天姚、大耗、沐浴皆得女機會大。而紫破較沒刑剋，武曲破軍更刑剋，尤其武曲化忌更確。

◎財帛宮，主財氣有進退不穩定，得化權、化祿、祿存，主富貴可發，以子午宮大吉，若見煞曜求財多挫，武曲破軍同度「財來財去」難積存，更見天馬變動更大，遇四煞更辛苦破財。紫破同度，因紫微主貴人所以求財有機遇，也主以名利財，名愈大財愈旺，且有意外之財，若見魁鉞、化祿、祿存更確。廉貞破軍同度主事業多樣化或多元化或財源多方面，不過若見煞曜化忌，必經痛苦變化而安定，凡遇空、劫、陰煞皆主因小人破財，逢天刑官符有為財打官司。

◎疾厄宮，因五行陽水主腎，故基本性質生殖器及性機能方面毛病。幼年主膿血災厄，以廉貞化忌同度為確。武曲化忌則幼年意外災特別多或骨折，破軍主腎再有廉貞、鸞喜、咸池、大耗、沐浴主有遺精、陽痿、早洩、經期失調、白帶之症，更有火鈴、羊陀、化忌主生殖器有膿血災，如性病，武曲破軍同度而武曲化忌在大運流年逢之「牙痛拔牙」，大運逢之此大運掉牙較多。若破軍在原命之疾厄宮在大運流年遇疾厄宮太陽化忌，主眼疾，若煞重小心失明。破軍、羊刃同度，更有廉貞化忌或武曲化忌，主傷災、刀劍金創外傷，也可能是開刀手術。

◎遷移宮，主海外奔波為家，見吉可成功，但難免辛苦，但要技藝技能之專長為佳。紫破在丑未宮再有魁鉞主貴人提攜，可得協助而成就事業。武曲破軍同度，利專業技術所謀生，若更有地空、地劫、鸞喜、天姚咸池者，適藝術工作，尤其海外演藝人員或街頭藝人。若英星入廟之格局在子午宮主能富貴。

◎交友宮，主變動，六親疏離，因性情剛烈，有結交小人之意，更見四煞主「施恩還怨」，或因友拖累有官司。羊刃、天刑同度更是會空劫、大耗，因友破財；有陰煞、劫煞、天姚、昌曲化忌主受欺騙侵吞。紫微破軍同度，可得強勢之友或能力比自己強之朋友，而自己對部屬較沒掌控能力，若再見煞曜化忌遭奪權受侵吞排擠。

◎事業宮，必須見四吉曜化權、羊刃、天刑才主武職；可晉升高官，以得化祿、化權最重要事業上有表現，化科力量差些更見吉曜可服公職，在商界也是行政專才，可從事開創之事業。紫破同度事業顯貴利名氣發達且有才幹、才能。武破同度利武職但見祿存或化祿也適合財經事業工作，若見煞曜、天刑者則可武職。廉貞破軍則宜文職文員或公家機關，見昌曲更適合政府公務人員。

破軍獨坐以見四吉曜化權、化祿主「掌握巨大職工」，見空劫，宜工廠事業一技之長，更有四煞若從事一般商業或金融投資或投機等多破財。

◎田宅宮，在子午宮均吉，可去舊佈新，更有祿曜主產業豐隆，但命宮可能是天同，故屬晚發之兆。紫破同度主意外資產以見祿曜為確。破軍亦主常搬遷或居無定所，見天馬常出差，有天刑及羊刃、地空時，房子會被拍賣或房屋糾紛尤其又有化忌，若昌曲化忌家中常水管破裂淹水，有礙財運，有孤辰、寡宿、華蓋，易住到墳區，有化忌時更不利。

◎福德宮，能得化祿、化權、祿存主行動機極，勇敢剛毅，在子午宮更主胸襟光明磊落，凡破軍在福德宮均喜刺激、新鮮事物，見吉曜多創意，在家待不住喜外跑，若桃花曜多會流連酒色場所。

◎父母宮，不理想有空、劫、忌會與父母分離，如再有輔弼表示父母可能離異或在外有人，一般破軍在父母宮即使不見煞也無緣份，感情不佳，有刑傷，若紫破在父母宮則父母有權威，煞多有如暴君。

第三節

四化星玄義

化忌星玄義

化忌星玄義，屬壬水，代表困擾、阻礙、失敗、是非。在命宮易招是非，多憂慮、多猜疑，決斷力不夠，常錯誤判斷，在命、夫、福三宮，多孤剋以配合之主星，將其星性全部往壞的方向發展，如武曲化忌，為財困擾，化忌在命的三方四正或疾厄會到羊刃，天刑有開刀之性，若未會刑煞星僅痼疾未開刀，而與輔弼化忌同宮，會病變產生，任何宮位皆論。

在夫妻宮又有空劫，會不和孤剋到再有陀羅，孤辰、寡宿會不成婚，再有弼、輔結婚過程拖延或離異。

在父母宮位與父母刑傷不和或相互有傷害孤剋如三方又逢煞，則更刑傷不和，尤其日、月化忌，又有孤辰、寡宿主父母有喪亡失去之虞，再逢天馬、天哭、天虛更確。

在子女宮帶煞，成長教育辛苦，若有羊刃、火星、天刑的女命，要小心流產，尤其為巨門、太陰，破軍主星時，六親宮入化忌，為管束關心、欠債、業力，在兄弟宮同父母宮論。

化忌對一般人影響大，而對武職之人影響小，較喜在四基庫，尤其辰戌宮位對其凶性較小些。

在疾厄宮化忌，或任何宮位代表的一樣的，化忌不喜羊、陀夾有「血光、開刀」凶災，若行運到止，又有截路、破碎，則傷災更重。

1. 大運流年逢化忌，又有四大凶星更有傷災。
2. 組合有天刑，官符（府）有官司，或是天刑、羊刃、官府，也代表官司訴訟。
3. 若組合有火、鈴、陰煞，主多小人是非，感情不順，有他人介入。
4. 遇空、劫，大耗截路是破財，虧空耗財。
5. 命或身逢到雙化忌，災厄難免，看本命哪一宮逢雙化忌，則主該宮凶事。

行運到雙化忌要看

（1）命、夫、福、三宮，是否有孤、寡、哭、虛、天馬，此五星，有之則自己性命堪憂，此時又不逢魁鉞更確。
（2）再看此限之田宅宮，是否有變動（殺、破、狼）星系及夫妻宮有否離散之象。
（3）也可看華蓋是否入大限田宅宮，若有以上三種狀況，若見魁鉞，尚有救，但與化忌同宮，仍無救。

化解法：

發大願佈施、行善、吃素，備香案面東，向上天禱告並（擲筊），看是否過關。

利用太陽光線與魁鉞星，引光線反射到化忌宮位，若光源是魁鉞所在方位更佳。

睡床不與在化忌的三方四正位上。

化忌的宮位，要清理乾淨（淨空）。

在大運流年，逢雙化忌，主麻煩事多，會有辛苦勞累；魁鉞能化解的災厄，也不過6成。

化忌在命，不可再有「空、劫、忌」組合，主孤貧，有巨門增添口舌是非，若有孤寡感情不利，在命、夫、福均可論斷。

女命化忌在命、身又逢羊、陀，主桃花重再天姚、解神會入，會入風塵。（解神是病及錢之化解，因化解錢的事，所以入風塵。）

女命化忌坐命，主星若是日、月有刑剋，不是剋父母，就是剋自己，尤其是日、月落陷。

甲干太陽化忌

1. 不利眼目（左眼），尤其陷位有煞及空亡，另外心臟血液循環要注意。
2. 有巨門同宮，又逢煞，易精神障礙。
3. 自己陽性近親親緣薄，又主傷災。
4. 有地空，血壓血液問題，地劫心臟問題。
5. 陷位加輔弼，散光視覺模糊。

乙干太陰化忌

1. 不利眼目（右）；小心腎功能、水腫、糖尿病。
2. 女性生理不調，三方多煞，難有孕。
3. 逢空劫，有經濟上困頓。
4. 不利於陰性近親有刑傷，失去或不和。
5. 命坐四馬地，少小離家，漂泊之命。

丙干廉貞化忌

1. 心性高傲、狂妄引人眼紅。
2. 心神不寧或驚悸會妄想，再有些桃花星，會有感情困擾。

3. 注意神經系統之疾如：神經痠痛、痲木，再有火、鈴、天刑會得到神經系統之疾怪病，如有空、劫、天馬四肢萎縮。

4. 大運流年在走太陽主星，丙干逢廉貞化忌，小心中風，尤其太陽或廉貞再帶煞時。

5. 不喜羊刃同宮，會與他人糾紛而傷人，若流年逢之又有天刑、官符小心官司上門。

丁干巨門化忌

1. 口舌是非引官訟，若再帶煞火、鈴，較剛愎自用，說話無情衝動加刻薄。

2. 在人的宮位與該宮位之人無緣，再有煞更嚴重，或因這宮位之人而造成本身不順。

3. 有地空鼻子、扁桃腺疾病；有鈴星常感冒；加地劫、肺炎或肺臟問題，再有火、鈴，有肺病；巨門化忌在火、金、土宮位，易鼻塞，在水宮位，易流鼻水毛病。

戊干天機化忌

1. 腦力損耗喜鑽牛角尖、遲鈍、恍惚、有大耗、空亡更明顯。
2. 帶煞有肝、膽之疾，加火鈴，腦神經、肝、膽之疾，最怕有火鈴同宮，有腦神經衰弱，再有大耗、空亡，會腦神經分裂。
3. 加空、劫，思想怪異特異獨行、固執、偏激，小孩逢此運不好管教。

己干文曲化忌

1. 才藝之星若加陀羅、空亡、破碎，學習緩慢遲鈍，若有會到魁鉞權科時，會沉迷才藝有所表現。
2. 亦為口舌是非有吉助辯才無礙，可做評論家，有天魁、鉞可律師職務，無吉助常說話惹爭端。
3. 文曲化忌，再有天馬、羊、陀，要小心車子碰撞。
4. 文書往來或帳冊容易有錯，若無吉星有煞時，會因文書合約惹災禍。
5. 在財宮，不可為人作保，會被牽連。
6. 在田宅宮主家中水管漏水、崩裂，再會羊、陀更確。若會到鈴星常水管不通阻塞。

庚干天同化忌

庚干天同化忌，為福星雖有自解能力，所以衝擊力緩減，入廟更輕。

1. 代表沒得享受。
2. 有享受，但自覺不是享受。在命宮，無福有凶，陷地更凶。
3. 財帛宮，會事先預知破財，陷地無招架之力。
4. 事業宮，工作卡住，悶到無法施展，會被迫改變些原則，或事情發展結果不是當初目標，或勞有成但多是非，陷地無成或操賤業。

辛干文昌化忌

辛干文昌化忌，會有讀書方面困擾波折，有其他吉星助，有波折但念得還不差，在四墓庫，尤其辰戌宮，大部分因環境引起。

1. 有破碎、空亡、陀羅亦主不順且人智力低。

2. 文昌化忌，大運流年逢之，不利考運，除非有「化科、三台、八座、龍池、鳳閣、封誥、恩光、天貴」，需會到一半以上，有利考運。

3. 要升等晉升，考試需有天巫。國家考試要有封誥或化權，專業考證照考試要有空、劫、魁鉞。

4. 文昌化忌，不利簽約、文書、訂盟；再有天刑、官符，因文書而引起官司；若火、鈴在三方宮，要小心犯小人惹文書麻煩(保人)

5. 在疾厄宮，三方又有火鈴，血液循環易出問題。主星太陽，小心血壓，若貪狼男人攝護腺，女人輸卵管。

壬干武曲化忌

壬干武曲化忌，剛剋之星又化忌，因個性剛硬難協商或主觀太強不聽勸而遭損害，尤其在命宮又有魁鉞更主觀，若有空、劫、忌，更剛愎自用且破財。

1. 在命、福、夫三宮時，不利婚、不利財、不利人際關係。
2. 若在夫妻宮，又有孤寡，夫妻各自為政，同床異夢，再有羊、陀，幾乎不說話，或成天吵鬧且配偶有傷災。
3. 武曲化忌破耗在官祿，財帛宮再有天刑或官符為財爭訟。
4. 天梁坐命或大運天梁運時，三方加煞且流年又逢武曲化忌，小心會有貪瀆行為。
5. 有空、劫，更有大耗，再有陰煞，截路破財更凶。
6. 武曲化忌在子、辰、午、申宮，再有羊刃，小心為財殺人。

癸干貪狼化忌

癸干貪狼化忌，原本貪狼，有酒色財氣桃花性質，但化忌反降低其性質，但化忌又有天姚、咸池同宮時，不減反增桃花。

1. 在四墓庫且又是命、福、夫宮，乃晚婚之兆，但有鸞喜反而早婚，但是不好的結果（姻緣）。
2. 在命、疾宮大運流年逢之，有此組合空亡、病符、空劫，會有生殖方面機能障礙；男命在第4～5大運逢之，性能力突降，若有桃花星同宮是縱慾造成，無桃花是星自然或其他原因。
3. 女命不愛做家事。
4. 事業除非逢吉多，否則不利變動。
5. 貪狼化忌的運程時，要多戶外活動及多曬太陽來制化。

化科星玄義

1. 陽水表名聲、專長，利考試比賽，更喜魁鉞、昌曲、輔弼之助。
2. 喜魁鉞夾化科或同宮為「天玉拱命」格，對科考功名有大助力，也利公教職。
3. 有輔弼同宮，會增加才華，且做事有成效。
4. 若有文昌及奏書，宜文創或文字創作，如行雲流水，再有天才，必有佳作；文昌化科，在本命大運流年逢之。在命、事業、遷移宮，皆宜再進修，也利發表作品、創作或展覽會。
5. 流年化科，可看升遷考試，同時參閱流命三方，有三台、八座，恩光、天貴、龍池、鳳閣，會一半以上就更穩當，若流命無化科，又有天哭、天虛、化忌，則考不上。
6. 化科不喜在四墓庫會沒力量；再有空、劫，宜朝研究、思考分析發展。

7. 有化科又有四大凶星之一同宮，會有某種技術專業；再有化祿或祿存，適商業行為。

8. 化科與武曲、太陰，宜從事財經方面研究，再有魁鉞，可成財經專家，若有空劫是「窮專家」。

9. 化科不喜和化忌同宮，若有截路、空亡或四墓庫，主懷才不遇或苗而不秀，英名遭忌，再有陰煞、鈴星，會受成名之累或別人以此攻擊。

10. 欲參選逢之，較輕鬆。有輔弼更確。逢化忌，則困擾無法當選。化科方位可點燈或公司辦公桌置於此。

11. 女命化科而無煞星，可表現出賢慧與才華。若化科有煞，有才華而少賢慧。

12. 化科加天同，宜朝美化、美術、造型設計方面發展。加天機，宜策劃、顧問、經營管理，加「日、月、廉、梁、紫」宜公教職，加天梁在命，卜星相、宗教、哲學、有專才，大運流年逢之有興趣產生，化權亦同論。加日、月，宜天文、氣象、考古地理、地質學；七殺、破軍逢化科較無利量。

甲干武曲化科

1. 對財經商業較有理念。
2. 再有文曲「雙曲拱命」格，對財助益大；再有化忌，對財經有概念，但難以伸展；若再會昌曲、魁鉞，在財經有造詣，在論命時，三方四正會遇到吉凶參半之組合，會先走煞星的壞運，然後再走吉星的好運；但在四墓庫則相反順序。

乙干紫微化科

1. 有利名聲、名望，可以此打知名度，再有輔弼、昌曲，名聲更響亮。
2. 有財星來合，有名利雙收之效。
3. 有（1）～（2）項，再逢化忌，則英名遭忌，有桃花時鬧緋聞。

丙干文昌化科

對科名有助，喜遇三台、八座、恩光、天貴、龍池、鳳閣組星，更能發揮力量，本命大運流年逢之利出版、文字稿簽訂合盟，修訂新法等文書資料。

丁干天機化科

1. 增益判斷能力，分析值會提升，若有陀羅、破軍、空亡則不吉矣。
2. 能再得文星（昌曲），更是文思泉湧文章才華行雲流水，能一展長才。

3. 化科，能增強柔星才華能力，也能增強權威星之名聲。

戊干右弼化科

1. 乃桃花星，主相貌人緣佳，運逢之在那段時期會多注意自己的穿著外貌。
2. 對工作有助企劃、計畫統合能力，對於工作性質「祕書、助理」幕僚職相當有助。

己干天梁化科

1. 運逢之對宗教、哲學、心靈探討、心理學、政治、公益有機會學習，也較有領悟力。
2. 若逢祿曜及煞星時會得到見不得光的財務。

3. 喜助人而得好名聲。

庚干天同化科

1. 可得福報及好名聲及才華。
2. 較多喜慶及友人應酬機會。
3. 心寬、體胖、心情輕鬆。

庚干太陰化科

1. 刀筆之光有功名現、才華橫溢、名望好，再遇三台、八座，更可擴大聲望。
2. 昌曲同度或夾或會，必博學多能文章出眾名氣遠播；反之落陷化科，又逢昌曲化忌當心惡名昭彰，如又有火鈴同度更嚴重。

3. 利考試及偏重藝術及財運發展。

4. 運逢之有女性貴之助，在流年夫妻宮逢之，可得女友且有助事業。

5. 但太陰化科也會增添心情苦悶，慾深不滿之情緒。

辛干文曲化科

1. 才藝表現，有煞星再有桃花曜（火、鈴、陰煞、天姚、咸池、沐浴、大耗）當心緋聞，在琴棋書畫或歌唱舞蹈有造詣，也宜此階段學習。

2. 陷位化科，易有酒色才子之名，在財宮有文昌票據之財，在官祿宮名聲有，但利不見得有，再逢化忌則有招搖撞騙、騙吃喝之象。

壬干左輔化科

1. 有人氣人緣，可助自己的幕僚才能，也可得貴人助力

2. 在財宮，因貴人得財，可得仲介財，但有落陷，有時是借貸之財，在官祿宮因貴人而成事，如合作、結盟、異業結合，均可得貴人扶持才獲能功，陷位貴人不得力效果不如預期。

癸干太陰，化科參考庚干

化權星玄義

1. 屬陽木代表權力，有支配能力指揮力，在命剛毅公正有倫理規範，男命大男人主義。

2. 在命及三方逢之，有知識或專長，而個人主觀甚強，不喜遇空、劫、忌，會

削減化權力量，更喜遇魁鉞，使其有發展空間，有位高權重之勢。

3. 有輔弼時，可得有助力之人扶持，而個人應變及學習能力強。

4. 有昌曲會照，對文藝的鑑賞或學習力強；再有化科同宮，會照可增名望；有祿曜，可有專業權威之能力增加財運。

5. 喜在官祿宮，有指揮領導力，尤其與太陽、天梁、巨門、七殺、破軍、貪狼、武曲等主星配合時更確；與柔性之星同度時，其才華盡出，而領導力較弱。

6. 化權不喜空、劫、忌同宮。（1）權無所施。（2）從政者不利。（3）可能會下台。

7. 化權與四煞之兩顆同宮，因鋒芒過露而遭人忌，宜走技術專長，若再有陰煞，除遭人忌，也會遭人陷害，若公職人員，再逢空劫化忌，會因此下台。

8. 羊刃入廟會照化權在四墓庫時，如再天刑、魁鉞，是法律專家。

9. 女命三方四正有化權者是女強人，坐命及夫妻宮奪夫權，三方再有吉曜，其事業勝夫婿。

10. 大運流年逢之，再有化科天巫、魁鉞，封誥、恩光、天貴(※一半以上會到)，則有利升遷晉級，尤其有魁鉞最利；而經營者，可拿到代理權，商場如意，而欲科考者也有上榜之象，而福德宮亦可同論。

甲干破軍化權

1. 三方不會煞，利開創新局、新機，也利創業，想當老闆念頭。
2. 求改革求變，如再遇廉貞化祿、武曲化科，利開創新局。
3. 若大運田宅宮遇之破軍化權及化祿時，該年易有搬遷或新居公司落成之喜。

乙干天梁化權

1. 對禮教倫理甚嚴其人固執些。
2. 利考試升遷，對宗教、哲學、心理學、靈學、命理有造詣或極度興趣。
3. 有代理職務或事業順利。
4. 逢天梁化權的人，如醫生會治好病人，如法師、命理工作者，在為人消災祈福法事的能量特強效果奇好；故反之遇化忌或陰煞、鈴星，就不宜為人制化會引災上身。

丙干天機化權

1. 只要不逢空亡、截路、病、天月，其智慧甚高，再遇天才、化科、昌曲等，更不可言喻。對事情分析精確獨到是很好的軍師、幕僚之材。

2. 學習反應快、舉一反三、外交手段高，要出外創業在家反多增困擾但也辛勞。

丁干天同化權

1. 有福報，尤其在福德宮，也兼有藝術、文藝才能、生活品味高。
2. 但也會有打腫臉充胖子之象，主辛勞有成。

戊干太陰化權

1. 有婦奪夫權之象太愛管人，而男命唯母是從，對太太體貼。
2. 有財氣對財經、金融、會計等專業有專長之象。
3. 太陰化權而權有輔助性質，權力會間接影響先生的決策及做法。

己干貪狼化權

1. 增長衝勁及才能，對才藝方面有助力，若在福德、遷移兩宮位，會增加應酬交際機會。
2. 有天厨同宮及三方會祿曜，適合餐飲業。
3. 會昌曲，宜文化傳播出版業，其實餐飲也可，但屬輕鬆性質的餐飲，如西餐廳或咖啡屋及居酒屋。
4. 有羊陀，最好走娛樂、表演 才藝之路。
5. 有變遷運，可能改變工作職業之象，無工作者可獲得工作。

庚干武曲化權

1. 宜軍警、商再有羊刃、華蓋同坐命宮，則「武職顯貴」。

2. 再有輔弼，可往財經方向發展。
3. 若疾厄宮又有羊刃、天刑，要防意外傷、刀傷、劫傷，也代表血光。切記婦女懷孕或要動刀整型或手術該流月有武曲化權，要避開開刀手術。
4. 有昌曲，可增加其財經專業也是專家宜證券業。

辛干太陽化權

1. 宜公職顯貴再有六吉更佳。
2. 若再有三台、八座、龍池、鳳閣、恩光、天貴來助時，可達官顯貴，也喜昌曲、祿存，財官雙美。
3. 代表男性貴人也表示驛馬動之兆。

壬干紫微化權

利公職權威顯赫，但需有輔弼、府、相、昌曲、龍鳳、三台八座之其中一組同宮為佳，否則僅是食古不化之人，若有輔弼夾，更是權高位重，也可視為「虎賁山林」格。

癸干巨門化權

1. 有語言天份或說話邏輯表達能力強，不喜有火、鈴為出口尖酸刻薄不留情面。遇羊刃，滿口髒話低俗。遇陀羅，慢條斯理或較吞吐。
2. 喜輔弼，口若懸河、滔滔不絕。
3. 再有祿曜，以口生財。

制化法：

1. 以石頭印鑑放在化權位（本命、大運、流年），均可增強化權力量。

制悍妻（婦），用一紅紙（長6吋、寬3.6吋），寫上其名，有生日也寫上，壓在石頭下在化權方位，會收斂些。

2. 克制悍夫，在臥室找夫妻宮位，刻上先生大名，放一石頭壓著；另一法，將床調到天相位置，可使先生軟些，但以上二法，不可全做，只能擇其一，否則太太變凶悍。

3. 嫁不出去或要增加考運，可去找塊紅圓玉用紅線穿綁掛在胸前。

4. 大運命或官祿宮走到左輔星時，會從事多元化之事業或從事和先前不同性質工作，有化祿可做會賺錢；有化權時會想做但未必賺錢，有化忌時千萬別做會賠錢。

化祿星玄義

1. 屬陰土乃財星，不是財星化祿力量較弱，在四墓庫較差，喜與財星同宮會照。

2. 特喜與化科、化權同會如三者齊會則名利雙收，尤其又有祿存；但不喜空、劫，忌會力量減半。

3. 有輔弼同宮會照，乃左右逢源，有多方財喜有天馬結合「祿馬交馳」格；有魁鉞有貴人財。

4. 若在四墓庫，形成科祿權三奇嘉會，或有昌曲、輔弼、魁鉞夾宮者，其化祿力量不受限制。

5. 命宮化祿之人，較有理財概念；不喜化忌同宮或會照有財物金錢是非困擾；有空亡或地空、地劫同宮時，會有困頓破耗。

6. 有陰煞截路有財被小人劫去之象，再遇四煞更確，流年逢之小心倒帳，有四大凶星宜技術生財。

甲干廉貞化祿

1. 乃桃花財或做官之財或是鬧市生財。
2. 若廉貞化祿而三方會煞及天刑、官符，小心因財有官非。
3. 有輔弼宜從商；有空劫不可從商，宜財經研究。
4. 有昌曲，宜文化大傳、文學藝術或文字創作。

乙干天機化祿

1. 加昌曲，宜文化、企劃、出版文字創作或媒體、傳播、採訪記者。
2. 天機，乃思想奔動、投機、動腦故化祿宜動腦生財或投機生意，但有空劫不可，有天馬愈動愈有財。

丙干天同化祿

1. 安逸少煩有福報，可賺輕鬆財，再會科權成就高且名利雙收，有文昌是學術進財，有文曲是藝術進財。

2. 不喜空劫忌，雖有小財但辛苦是非多，也不喜與羊刃同宮，再有桃花星時，會有桃花，而女命可能桃花進財「淪入風塵」。

丁干太陰化祿

丁干太陰化祿，乃財星田宅星主美及藝能；化祿更增加上述磁場及美觀外貌，宜朝財經、金融商業或計算類之財務方面發展，更有昌曲可增加才華發揮，會合到羊、陀、空、劫時宜土木建築業；不逢空劫可經商。

戊干貪狼化祿

戊干貪狼化祿，酒色財氣，公關交際才藝、才華、語文能力之星，其才藝較偏向手工藝，如針線、編織、舞蹈，有桃星曜同宮，則偏向桃花事業，如酒廊、女色、演藝事業，若無桃星，偏向才藝技能，若女命貪狼加咸池、天姚及羊刃同宮「陌桑春滿」格，於貪狼化祿之時，為入風塵之時（羊刃需同宮或三方會到就算），貪狼化祿有投機性再逢煞，則更喜走投機偏鋒殊途。

己干武曲化祿

己干武曲化祿，乃財星也主孤剋，武職、軍警、技術，化祿對財的助益非常大，適宜財政金融發展。有昌曲，宜證券業；有煞臨，宜技術生財，煞多財務上增添困擾。

庚干太陽化祿

庚干太陽化祿，乃官祿主貴不主富，有魁鉞、昌曲、輔弼及祿存時，才宜往財政金融發展，若有空劫，宜研究、策劃，若宜無財星或吉星相助時宜清高生財路線；有空劫忌，會造成財務動盪及損失。

辛干巨門化祿

辛干巨門化祿，主語言、食物、口舌生財，有魁鉞宜教學教育工作，或口述行銷業，若有火、鈴、羊刃加天廚可餐飲業。另巨門、羊刃是帶有桃花性質之餐飲業。若有昌曲，宜大眾傳播文化。巨門加文曲，利歌唱演出。巨門加昌曲，可能精通外文、外語。

壬干天梁化祿

王干天梁化祿，有不勞而獲之象，尤其化祿更確，若大運逢武曲化忌，則此財貪瀆而來。不帶煞時，會有意外之財。若在六親宮的宮位不吉，又有天梁化祿，表示可能為撫卹、保險理賠或賠償金。若官祿宮不佳，遇天梁化祿，乃遣散費，無煞宜公教、命理生財，有煞是貪瀆之財或有難言之隱之財。

癸干破軍化祿

癸干破軍化祿，非財星但有衝勁、開創力。化祿非財星僅增加此階段時期具有衝勁爆發力，對事業的幹勁，若又有輔弼或祿存時，財運順遂；有空劫忌時會往前衝但結果不佳。

化祿喜在命、官、財、田、夫、福宮位，以在財官最佳，或在命、夫、財、福四宮位構成，雙祿交流或祿馬交馳為佳。

化祿在夫、財、田、福，才能真正增加財富，在財宮正偏財均有之，在事業宮可增加事業之平順發展，也可增強夫妻感情。

在夫妻宮，則配偶愛掌財，也代表由配偶掌財較好，若又有祿馬交馳格，表示配偶成就高，可因配偶得貴，化祿在夫妻宮，其配偶會重視命主；同理化忌在夫妻宮其配偶會對命盤之人要求特別多。

在田宅宮表示不動產運佳，宜用此人之名買房，且此人也適合投資不動產；若田佳而財差可以錢轉化為不動產為佳。

在福德宮可讓晚年順遂少精神壓力；自己也有享福機會，若福差財佳，表示會賺不會花（享受），福佳而財差，則是借錢來享福。

四化星以成雙最有力，如本命祿逢大運祿或流年祿，或大運祿逢流年祿等，而宮星四化特星均需討論，如廉貞化祿，在田宅宮為鬧市生財，而其房地產不可在鄉村，在遷移宮則要去人多熱鬧城市旅遊等，化祿乃財之源，若是在六親宮位，則因那宮位的人而進財，如太陰化祿在交友宮，而其對宮為兄弟宮，可和手足合作、合夥因其得財，也可承接父母的事業而得財（交友宮為父母的事業宮），上述為參考真正的財，仍是自己的財帛宮財佳可進財，若財帛宮差是為人作嫁分到則較少。

斷論人有沒有財，要看命、財、福三宮均有甲級星及財星主財運不差，若有空、劫、忌則差矣，大運同此論斷。

大運重疊本命之宮，則該宮在大運時期會較有相關尅應之事或特殊之事，如有「不好、兇的」的情況進去，則該宮是真的不好；流年也會重疊本命之宮位，論法相同，但以大運之疊宮為重，流年次之，如大運走在本命田宅宮，則此10年和田宅之事，會有較強明顯的尅應。

二

各宮位制化趨吉避凶方法

第一節　十二宮位之五行相生剋及方位、季節

一、十二宮位地支、五行、方位、季節

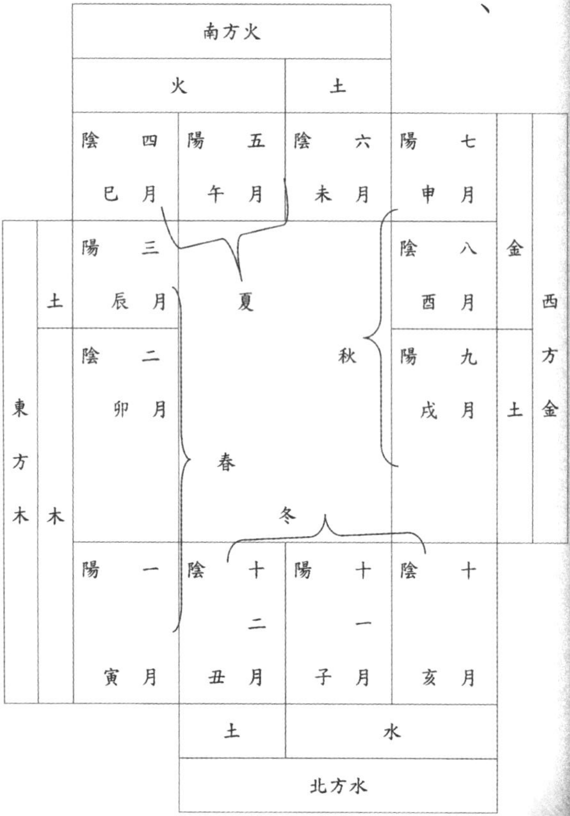

■ 寅卯辰代表一、二、三月，寅卯為木；辰為土，代表東方及春季。

■ 巳午未代表四、五、六月，巳午為火；未為土，代表南方及夏季。

■ 申酉戌代表七、八、九月，申酉為金；戌為土，代表西方及秋季。

■ 亥子丑代表十、十一、十二月，亥子為水；丑為土，代表北方及冬季。

二、十天干之五行、方位及季節

■ 甲乙為木，利東方，利春季（一、二、三）月。

■ 丙丁為火，利南方，利夏季（四、五、六）月。

■ 戊己為土，利中央，土利四季。

■ 庚辛為金，利西方，利秋季（七、八、九）月。

■ 壬癸為水，利北方，利冬季（十、十一、十二）月。

三、五行之生剋

■ 相生：木生火生土生金生水生木。

■ 相剋：金剋木剋土剋水剋火剋金。

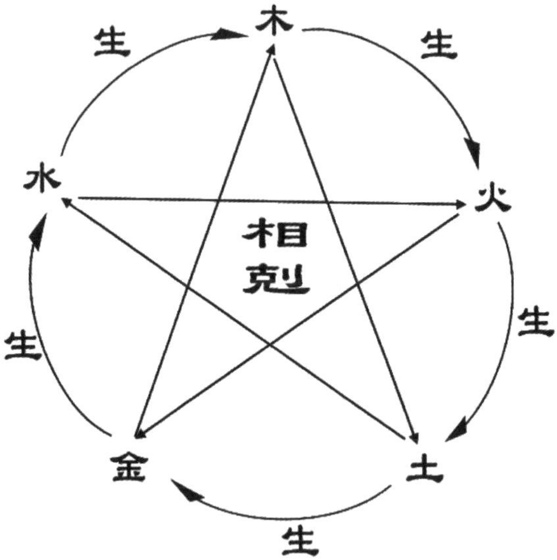

四、首先將天干地支所代表之五行生剋、月份、季節、方位熟記，在後面即會應用到。

五、陽宮／陰宮

子、午、寅、申、辰、戌為陽宮。

丑、未、卯、酉、巳、亥為陰宮。

第二節　命運分三型態之思考模式

一、完全無法由自己掌握之型態

例如：今天出門會遇到什麼人、什麼事、會不會與人爭執糾紛等，均為不能掌握的。

二、完全可自己掌握之型態

例如：出門上班公司營業場所是既定的，要搭公車、捷運、開車、走路也都是既定的，也是可掌握的。

三、自己只能掌握部分，另一部分須聽天命之型態

例如：出門去應徵工作可自己能掌握，但能不能錄取不知道，由他人掌握。

上述三種狀況命運型態，在一般人生活中重覆交替出現，以冷靜態度並運用趨吉避凶之法，在命運的旅途上，也可知己知彼、大事化小，預先準備安然度過。

（一）完全不能由自己掌握的命運

最好與人為善，自求心安理得，盡其在我，事先保護謹慎，三思而行，無論結果如何都處之泰然，對已發生的完全不能由自己掌握的事則更須包容接納，就即所謂命中注定。

（二）完全可由自己掌握的命運

不應將過去成功或失敗的情緒帶入未來的生活中，因舊事不會重演，因每年流年運不同。而大運也每十年不一樣，需時時調整自己想法，勇敢面對現實勇於

接受挑戰及考驗，才能一直掌握人生契機。

（三）可由自己掌握一部分之命運，另部分無法掌握

只要有計畫及堅持也會因流年及大運之改變而有變化，俗話說十年風水輪流轉，莫待機會來了而沒了堅持，或早已放棄那也不會成功的，機會是留給有準備之人。

第三節 十二宮位禁忌與迷思

一、命宮

個性猶如DNA，是先天受父母所賜，所以個性足以左右命運，而既有之個性不一定要配合命運去做什麼修改，但可了解自己賦予的八字（出生時辰）來做運用，例如個性內向、孤僻之人，那就依自己個性選項做些可獨自完成之工作或在進行中無需求助他人之工作，例如修錶、刻章、寫作等等，這樣做法反使其個性較良善之發展，再加上長期努力也能獲致良好成就。

反之生來外向、活躍之人容易和人群融入，反可從事富挑戰性，需與人際關交往之工作或團隊的合作，如運動、旅遊銷售開發等等業務型工作，較不枯燥乏味，也容易有好成績。

只有少部分人之個性不是極端外向或極端內向。

現在你自己準備張紙，自我分析個性屬性記錄下來，再將目前就學所學科系所從事之工作性質等分析，是否相符，若是，也就達到了趨吉避凶的效果，如果工作或學業並沒有機會符合目前性向現況，仍可趨吉避凶，不妨工作之餘一些符合個性之事，當作興趣、消遣或是副業，仍會有意外收穫及改變命運的成效。

在現實生活中有些人是屬不勞而獲，但也有人是勞而不獲，這兩項在人一生中可能是某階段發生或在某一件事發生，不管如何應該每個人的一生中都會遇到這兩件事。

幾次的經驗，以紫微斗數來看「一分耕耘才有一分收穫」，某些人因家族富裕可能承繼祖業或祖產，或許這是這個時期階段他的事業、金錢得到了不勞而獲，但後續時期若仍不努力打拼耕耘，就會敗耗成空，這樣的人只能說他不是不勞而獲，只是不需白手起家罷了。

在斗數殺破狼星系或六煞（擎羊、陀羅、火星、鈴星、地空、地劫）坐命之人，帶有開創性及變化性，也較勞碌命些。

而天同、廉貞、天府、天梁、天機、紫微入廟坐命之人，較重視享受安逸生活。

命宮若無主星有下列特性：

■ 人生變異性較大也較起伏，而性情較情緒化不穩定。

■ 若命宮無主星而又有左輔右弼坐命或在父母宮就很可能為私生子或父母親中有人為二婚者。

■ 命宮有祿存、擎羊、陀羅、左輔、右弼其中之一獨坐者，身世更加有疑處；若命無主星而太陰在遷移宮，恐會隨母改嫁，若身在遷移宮更驗。

■ 天魁、天鉞坐命，一般在中年會有成就但不可再有地空、地劫化忌相會，否則難發達。

■ 若命無主星，但有擎羊、陀羅、火星、鈴星之一坐守，在丑未辰戌墓庫宮位為虎賁山林必有發達之時，而擎羊獨坐辰宮未遇華蓋同宮最佳格局，適合終生從事單項工作事業必發，若三方會有左輔右弼才會有多項事業。

■ 命宮除了看人的個性、長相、心性、才能及成就外，命宮也可來看金錢使用之態度，因事業宮之財宮（命宮），可看出對工作事業在金錢投資態度。

二、兄弟宮

在斗數命盤中兄弟宮永遠在命宮緊臨，都大部分在青少年時期較與手足有較深之互助，由命盤中此宮位之星曜，只能了解彼此間的感情和睦與否，或是有相互間有助力是誰助誰等，但難推算手足之人數或他們在各自人生中發展境遇。

在自己命盤行運中，如走到兄弟宮之大運或流年兄弟宮的三方宮位時，會照到時才易與手足產生變化。

若星曜好，則此時期有互助幫忙之力量或兄弟姊妹此時期有好的境遇或代表與平輩友人合夥關係，能否助力及對待關係。

(1)兄弟宮無主星時，在陰宮少兄弟多姊妹，有擎羊、化忌，則無兄弟或早夭，若有地空、地劫、天馬，則緣淺或早分開。

(2)有化科、化權、化祿或天魁、天鉞，則手足有不錯發展或助力。

(3)有地空、地劫化忌時為手足，傷透腦筋且為其破財或相互間有財糾紛。

(4)若有左輔右弼在兄弟宮再看父母宮位多桃花星曜多有異胞手足。

(5)兄弟排行及個性看法：

1. 兄弟宮之本位，看長男長女。
2. 對宮(交友宮)，看老二及老五。
3. 兄弟宮之財帛宮(疾厄宮)，看老三。
4. 兄弟宮之宮祿宮(田宅宮)，看老四。
5. 兄弟宮之福德宮(父母宮)，看老六。
6. 兄弟宮之夫妻宮(子女宮)，看老七。
7. 兄弟宮之田宅宮(福德宮)將來在分家產時會和平或有爭，在此可看出端倪。

8. 兄弟宮是個人田宅宮之財帛宮，由此可看房地產狀況。

三、夫妻宮

一般人決定好配偶標準不一，任何人均有自己生活背景、個性、嗜好，兩個完全不相同之人共組家庭，會因彼此個性命運相互影響而成。另一個組合，即使婚前符合對方所謂「好先生」、「好太太」的條件，但受兩人磁場影響，婚後也可能會走樣，所以在配偶選擇上除情投意合外，更須注意八字相合、運氣相配、斗數合婚，重點在針對每個人命運選擇一個適合的婚姻。

以斗數來看當紅鸞星啟動戀情後是否能走下去，不是一顆紅鸞所能決定的，而真正主宰因素，需以命、夫妻、福德之星曜外，另有大限、流年命宮在支撐婚姻是否得以延續，如果大運命有鸞喜，但命宮主副星不吉且大運之夫妻、福德亦不佳，那麼可能演變的結果僅是戀愛而沒有完美的結果。

從古至今，男人對娶妻此事很在意有無「幫夫運」，不僅男性，連女性也以有助夫旺夫之運為榮。

旺、助夫均是幫夫運的一種。助是實際上的幫助，例如：娘家有錢可助夫在金援上幫忙，或妻子可實際參與先生工作業務當助手處理業務，而旺夫較偏向無形，而是一種感覺直覺，從婚後發生的事業財運轉變順利，而人生逐日平坦進步。

斗數並不特別強調幫夫運，畢竟一般人之成就得自於自身之努力才重要，次一在盤中事業宮與夫妻宮互為對宮，永遠互照其相互間關係是十指相扣的，故有下列幾項情況：

(1)事業宮佳而對宮夫妻宮亦佳者，自然是夫妻和合事業順利。

(2)事業宮不好而夫妻宮佳者，雖在工作事業不盡理想，但妻子會承當照顧家庭責任，也願同甘苦，也是美事一樁。

(3)事業宮佳而夫妻宮不佳者，雖事業有成，但總會因家事而有牽絆，在家庭中得不到溫暖，故前述(1)、(2)者之男士方可享受「幫夫運」，換言之欲妻助，自己的八字命盤中已具備相當之條件，若沒娶到「幫夫運」之妻，也不可能怪別人，夫妻宮有化祿、天馬星者或有化科、祿及好的格局者均屬幫夫運之夫妻宮，但也必須嫁給肯努力上進而有成之人才能有良好的幫夫潛能，如嫁給了個好吃懶做，成天無所事事只想得妻助之男人，反而太太為發揮命理助夫之本質不得不在工作上更加倍努力，把自己辛苦得來之錢替先生還債並供丈夫生活養先生，反而使「幫夫運」之妻子陷入不幸姻緣中。

(4)事業宮及夫妻宮皆不佳者，會是兩頭空是任何人都不願見的。

(5)夫妻宮無主星。

■ 不長久的婚姻關係有動盪波折，再有化忌星、鈴星、擎羊星更加添折磨感。

■ 有地空、地劫雙方冷淡有離異之可能，夫妻思想上沒有交集，除夫妻能共同修道或共同宗教信仰則稍好，若有地空、地劫再有孤辰寡宿之星，此生難覓情人成婚；再有陀羅更不妙。

■ 若有天魁、天鉞、文昌、文曲則配偶有些許成就，但僅有天魁、天鉞則配偶主觀強勢。

■ 地空加右弼或化忌入夫妻宮，配偶情緒化，加鈴星，易冷戰且有二、三婚。

■ 左輔、右弼居夫妻宮，主多情多有外遇或另有人追求要特別注意。

■ 兄弟宮為夫妻宮之「父母」宮位可看出小舅或女婿與對方父母狀況。

■ 事業宮為夫妻宮之「在外」宮位，可看出配偶在外發展情況，人際關係若過多桃花惡曜，則配偶在外易有外遇。

■ 福德宮為夫妻宮之「事業」宮，可窺探配偶事業發展狀況，而遷移宮為夫妻宮之「財帛」宮，由此可看出配偶對金錢使用態度及賺錢能力。

(6)自己命宮與夫妻宮比較，若命宮逢煞多則自己先走，若夫妻宮逢煞多，則配偶先走，另外煞多的人會對煞少的人不好。

四、子女宮

古云：「養兒防老」，但現今要了解子女是否賢孝？是否富貴？是可從自己子女宮看出端倪，但如果自己晚運孤獨，即使子女有錢又孝順，但自己福薄未必能真正受用到，例如：子女有成均在海外打拼置產，而自己又不願離開家鄉同住，所以子女只有用錢改善父母的衣食無缺，但無法讓父母承歡膝下，逢年節才探視雙老，更談不上含飴弄孫了，甚至有時連走的時候，子女不在身旁見上最後一面，故「防老」效果不見得好，而有些人子女宮不佳，但自己命宮不差也不存有依賴子女觀念，雖沒能兒女成龍成鳳，但憑自己的打拚，有些積存，晚年生活也不差，這也是快樂父母。

更慘的是子女宮不佳而自己也不好，三餐已勉強度過又碰上靠爸族或草莓族，自己已灰頭土臉了，臨老還要供養子女，此時只能怨天生了個「包袱」還不如不要生的好，命運中生幾個孩子與養兒防老一點關係也沒有，生兒育女要先排除「依賴」的心理，自己當自強要有積穀防饑的思維。

(1)從懷孕到生產的過程，在斗數來看產婦媽媽每天都是在「玩命」，凡孕婦在生產時，可能面臨一場生死的選擇，而這個做決定者，非產婦或其家屬也非胎兒及醫生，而是命運。

若有難產或接生不順利，需動刀剖腹時是否母子能平安就要看孩子和媽媽的命運了。

（2）在生產的那一年（流年），媽媽的本命宮及其三方有六煞星兩顆以上，就有生產不順之兆。看煞星多寡及六吉星及化科是否有會照到來全局判斷吉凶，輕則有安胎，中間者有破羊水不明因，下體微量出血，重則流產、早產、遲產、剖腹產等，最嚴重就棄卒保帥，二者只能擇其一或全都不保了，故廣泛來說在斗數認為只要生產不順，均可視為難產的一種解釋，即使在無人員傷亡的情況下，凡流年子女宮有擎羊及有手術開刀剖腹之兆，有陀羅星即有過產期或等四、五指開口的時間會很久之象，而遇火鈴星即有提早出生之狀況，而逢空劫，因生產有些狀況或醫療費用過高情形，但只要有六吉曜之天魁、天鉞、天梁化科等吉曜，大多能遇難呈祥，結果是偏向好的。

(3)剖腹、流產、墮胎在斗數看來是血光之災的一種，若流年有血光之災又正值要生產，那即有可能反映在生產上，而擎羊星是血光之災的星曜，若流年要生產又逢本命擎羊、大運擎羊、流年擎羊及白虎、天梁星再加忌星，坐子女宮剖腹產或生產恐不順利了，需特別注意。

(4)本命坐擎羊的人一生難免有血光之災或動外科手術，而本命獨坐火鈴星之人也免不了在身上留下疤痕，只是這疤不一定是手術而來，若女命有以上三顆星坐命、疾、子女宮，相對其難產或剖腹機會也很大。

(5)很多孕婦夫妻大腹便便的找老師問，可否請老師挑個好日子，可以生出大富大貴的子女，試問若大家都講求如此之優生學找良辰吉日生龍子鳳女的，大家的孩子都當官員，都當教授、工程師、科學家、律師、醫師，請問我們家中的垃圾還要不要倒，會有環保清潔工嗎？

我們還要不要去市場買菜嗎？還有菜販可買菜嗎？這個世界是不是不平衡，且會造成失衡的社會，所以我認為這種擇日剖腹生貴子的想法是行不通的，又再說回來明明父母命盤沒這福份生，這樣優質小孩，用擇吉日就能生下來貴子女嗎？

我無法認同，這因素變化太大了。

一、生不出來。

二、生了下來未必能長大。

三、即使長大了不是那麼好的命，不如原先的預期。

所以，可以自然生產而故意找吉時剖腹的父母親，就別大費周章了，而老師為其擇日生也違反了大自然物競天擇的道理，都會有因果業報的，但如果遇到是醫生已明確預告需剖腹生的媽媽們，這是沒有辦法之事。

需藉剖腹醫學來順產，我們先必須確定父母之命盤勢是否有福報，能給他們找個吉日生個貴子女，再來評估「造命」，若有，即可挑選好日子，若無，也僅可在其安全範圍內找個好日子順產即可，否則人算不如天算，會大失所望的。

（6）孕婦在懷胎過程是否有許多禁忌，從這個迷思來看由斗數來找答案，在子女宮位的對宮必定是田宅宮位，基本上可認定房子的風水環境安全是足以有能量來影響胎兒的，所以懷孕代表子女宮有了變化，一定會影響田宅宮位，相對地房子的既有的陳設，若有了搬動必也影響胎兒，所以穩定最重要，不要隨便更動家具或釘任何東西是需遵守的，更別說在懷孕過程搬家或買賣房地產了，田宅宮一動，便直沖子女宮位，所以從古流傳下來的禁忌是要參考的，否則必影響母子安全或有早產流產之意外。

(7)子女宮無主星

■ 與子女緣份較薄弱、輕重不一，要看田宅狀況，若空宮有天馬與子女聚少離多。

■ 有陰煞或火鈴星，要注意在青春期時誤交損友或離家可能。

■ 有擎羊、火星、天刑，小心有流產或安胎之象，再有天刑子女有傷災。

■ 有吉助而又逢科、祿曜，子女將來事業有成。

(8)子女宮又為自己的性愛宮位，若有武曲、貪狼、太陰此三星曜化忌坐守，有可能在某個時期暫失性功能或性冷感或性功能障礙，不論是外在或心理之因素。

(9)子女宮又可視為自己的部屬關係或自己學生、門徒及桃花運等，若為教育者可否桃李滿天下或因學生、門徒發揚光大而自己為師者也沾光呢？也可參閱此宮位。

(10)子女宮又為本命交友宮的「事業」宮，可看出與友人合夥是否恰當或應注意何事。

(11)子女宮又是本人疾厄宮的「福德」宮，由此可看個人健康或因果病等等，或者有重病，是否會帶病延年一輩子女為病所折磨。

(12)子女宮又為自己父母宮之「財帛」宮，也可在此看父母對金錢使用管理態度及進財能力。

(13)子女宮又為自己田宅宮的「遷移」宮，可由此看出自己的住宅風水或環境的好壞與否，也可以了解可否置產等而能保留下來。

(14)剖腹產選時重點（不建議使用，請深慮再參考）

■ 備有孕婦之產期（安全範圍）及胎兒之性別（男、女）生，若雙胎或三胎，則更難擇日（不討論）。

■ 父母的命盤。

■ 挑選出的吉日，醫師能否配合，所以此項可能需先和接生醫生先溝通好。

■ 造命以本命、遷移、事業、財帛、福德、疾厄為重點，將科祿權及六吉星佈建在這些宮位，但化忌及六煞全佈建在六親宮位，也極不恰當，故取平衡為要，總不想孩子命好但從小就失親或孤兒吧！但把六吉星及化科權、祿全佈建在六親宮內，但其命、福、事業、疾厄全是惡星，反變成自己無法獨立謀生而完全靠親友接濟，或嚴重者天生帶惡疾一輩子須父母、兄弟的照顧，雖他本人無需工作勞動，依然有飯吃、有房住，全部假手他人，這也是絕對不是福啊！

■流年子女宮在陽宮易生男，陰宮易生女，但仍需參考星系，及所會之煞曜愈多者，愈易生女。

■若是今年懷孕但隔年才出生者，則以懷孕期以288天為基準，取中間值144天，看是懷孕當年有超過144天，或跨越的次年有超過144天，以超過者的那一年之流年子女宮星系來決定剖腹日子，以父親之流年子女宮星系參考。

(15)雙胞胎或多胞胎論命方式

■老大命宮單顆主星時，老大以命宮論，次子女此身宮當命宮依序排十二宮位。

■老大命宮雙主星時，老大以強星論「廟旺」，次子女以弱星淪「平陷」，且次子女再參閱遷移宮的三方來斷個性及運程。

■三胎以上則和兄弟宮分房法分別論之，如財帛宮看三胞，官祿乃看四胞，而遷移宮看老二及五胞等。

■龍鳳胎時男以陽星論命，女以陰星論命。

(16)生男女的斷法

■陽星：太陽、天府、武曲、貪狼、天相、天同、天梁，餘為陰星。

■逢擎羊化忌天喜、紅鸞生女機率大。

■陽宮(子午、寅申、辰戌)見陽星而不遇羊刃、化忌、紅鸞，其生男機率高，若次年生則需看次年之流年子女宮。

■陰宮見陰星生女機率大，若再見羊刃、化忌、紅鸞，更肯定生女。

■陽宮陰星看子女宮三方，若吉多於煞仍有可能產子。

■陰宮陽星看子女宮三方若吉星多，仍可能生女且多有成就。

■ 若孕婦本命子女宮有擎羊化忌，絕對較易生女。

■ 流年子女宮有鈴星且煞多，要注意產檢，多有天生殘缺之子女。

■ 男女疾厄宮有貪狼加空亡、破碎、大耗、病符、天刑、天月且又有化忌時，小心生殖系統恐有問題，又有昌曲男命恐有輸精管或精蟲稀少之問題，女命則為輸卵管、卵巢之問題，有上述組合又有羊刃、天刑宜做人工授精。

五、財帛宮

過去曾有新聞媒體一直報導藝人辛隆在兩年前娶了劉真為妻，中了樂透1.2億，令大家都非常羨慕，中獎是大家都樂見之事，沒人不愛的，至於民間有許多對中獎的說法，有人說中獎得來的金錢是橫財，要盡快花用，否則恐有意外不好之事，另有人說中獎之人是祖上積德或自己做了許多善事，有積陰德所以才有中獎機會，這樣的說法都可能是對的，也可能是不對的，因這些無從考證就暫不討論。

研究一個人的財運，從其斗數盤中的財帛宮為第一要看的，其次是福德、命宮、事業宮，綜合來研究得到下列情況：

■ 錢從哪來？自己努力賺的？還是別人送的或贈與的？什麼方式賺？哪種工作職業賺得快呢？

■ 一輩子有多少錢？需借貸嗎？或能有儲蓄？

■ 對金錢使用態度是慎重？是浪費？是隨興呢？

■ 因有了錢是可享福呢？或是因財而招災禍？或因財而產生官司財殺呢？或遭人倒債被詐騙呢？

■ 人有錢或貧困非一輩子之事，是何時有財或何時會貧困呢？

以上各種狀況脫離不了命、財、福、宮的本命與各大運，綜合判斷由此可歸納幾點：

1. 中獎彩券樂透只是人生某個階段之事，所以那個階段那個時期必然整體財運佳。
2. 中獎的錢非自己努力所獲有突發之性質。
3. 中獎是需要機會與運氣的，也有競爭意味，因你比別人財氣更佳，所比能脫穎而出，非你莫得。
4. 中獎的財是否能存下來受用一輩子，這又是兩回事了。
5. 命格較善投機事業，如炒地皮、黃金、期貨、股票等等，其人不一定會中獎，但如果行運佳，其中獎機會是有可能比一般人高，但來得容易也花得更快，可能存不下來。

前言提及祖上有德之人可能中獎，許多天梁星坐命財、福三宮者，因天梁有「蔭」之作用及承襲他人之蔭；另一中獎人是「火貪」、「鈴貪」一格，在財福本命或大運流年重疊出現及雙祿交流格局，在大運流年也重疊出現均有可能中獎，其實人比自己能力努力工作換得財富是較牢靠的不需算命人人皆有，但想要發筆「意外」橫財不但由不得自己，也是千萬人之一的機率。

■ 財帛宮無主星，有以下情形：

1. 財易來去較難積存。
2. 有祿存且又有空劫時財來去更傷腦筋。
3. 祿存獨坐，為人小氣但有形成財格局或會吉曜或化科權祿時，才有大發之機會。

4. 擎羊獨坐主大發，但須四墓庫(丑、未、辰、戌)才行，但也會伴隨糾紛，以武市競財為佳。

5. 火星獨坐有突發之兆，在四墓庫宮位會大發。

■ 財帛宮顯現財務狀況、獲利能力，哪一種職業易得財或是可上班可創業或身兼多職及同時從事幾種工作，或有多項財源入袋等。

1. 財帛宮又為夫妻之「夫妻」宮，若財帛宮不佳，也會影響夫妻關係。

2. 財帛宮又為事業宮的「事業」宮，表示事業的營運虧損否？

3. 財帛宮又為遷移之「福德」宮，可看出外出打拼可否有財利。

4. 財帛宮又為疾厄之「父母」宮，父母健康狀況可由此窺探會因而長年臥病在床或花大錢治療疾病否？

5. 財帛宮有地空地劫化忌者，可多佈施捐款於慈善機構或多買喜愛之物來解空、劫之「忌」。

六、疾厄宮

人吃五穀雜糧沒有不生病的，而我們身體是父母所賜，所以遺傳是得自父母的基因，若長輩或家族有些病狀是有可能傳下來給我們的，人的一生不可能都健康的，這就是所謂「體質」。

這既然已定，後天要如何強健體魄預防生病呢？不外乎要藉由一、運動。二、營養均衡。三、減輕壓力。四、衛生習慣等來著手，其中又以運動最方便省錢生活化，每天都可做到來討論運動對任何人均有益，而每個人依自己體能、能力來調整運動方式及運動項目或運動量，不同的運動均有助於增強免疫、強化骨骼肌肉及舒緩情緒壓力，而運動也確實能有改運效果，以斗數來看若不是真正的運動，但因工作或生活習慣而等於運動者也算，例如：搬家公司工人、體育老師或以走路為交通工具挨家挨戶拜訪的業務人員，都可以視為運動了，以有益之正當工作代替運動，並沒有錯用屬於運動之運「氣」，但在平時喜歡閒逛無所適事之人，不妨面對自己的「運動」運「氣」來改變個人的運。

哪些人在命理來看更需要運動呢？在本命大運有下列者都可運動來達趨吉避凶之效。

1. 本命宮、遷移及大運命及遷移宮有雙祿交流者。
2. 本命或大運命有天機星或天機化祿者。
3. 本命或大限命及遷移宮有天馬者。
4. 本命及大運命及遷移宮有化祿星者。

5. 本命及大運命及遷移宮有太陽或太陰者，若不是旺廟，則更需要。

6. 本命宮或大運命有地空、地劫、火星、陀羅其中之一或會照三顆以上者。

7. 廉貞天相雙星居子午宮，又是本命或大運命宮者。

上述七種命盤者，可藉定期運動則可達到良好增運效果。

8. 疾厄宮無主星，易有稀奇古怪不明罕見疾病等，需由所會照之三方來評斷：

(1)陀羅獨坐主骨骼之病況，尤以頸到脊骨。

(2)天馬主四肢骨骼及脫臼骨折。

(3)天姚咸池在疾厄宮注意性病感染。

(4)文昌、文曲或化忌有腺體毛病，如甲狀腺亢進或內分泌失調。

(5)地空、地劫，主腰痠背痛、四肢癆損(地空為手、地劫為足)。

(6)疾厄宮為官祿者之「田宅」宮，為之工廠或店面、公司等營業場所吉凶。

（7）疾厄宮又為夫妻之「子女」宮位，主配偶的學生、門徒。

（8）疾厄宮又位兄弟宮之「財帛」宮，主兄弟財帛狀況或自身和兄弟間財務關係。

七、遷移宮

在談遷移宮之前，筆者在為客戶論命之時，客戶在填寫資料，我都會請他們將出生地填上，因這就關係到遷移宮，比如說有人他出生地在國外但他是台灣人，或他們出生在台灣但小時候隨長輩移民到國外，這兩者論命就有很大差異性，前者出生海外但長期生活在台灣，別就認定台灣是以他命盤中的國內，其實他是在海外謀生，而後者台灣出生移民到海外現又在台灣，雖然他長期海外生活、教育、工作，現又回到台定居，而台灣是他命盤中的家鄉，所以斗數在看遷移宮時，不論國籍、不論膚色、不論父母種類，只論在何地出生也就是何謂血地，除此在斗數遷移宮可看的事情有是否適合海外就學、就業，或旅遊外出運、移民，或在事業上是否適合進口或出口業務等升遷、人緣，非狹隘的旅遊外出而已，所以遷移好的人其貿易及旅遊移民的運氣自然好。

好的遷移宮需具備下列條件：

一、沒有不良格局。

二、沒地空、地劫、火星、鈴星、擎羊、陀羅化忌等惡曜。

三、遷移宮非空宮，若上述條件都達到再有下列組合，則可視為上好之遷移宮。

1. 有祿馬交馳或祿馬配印格局。

2. 有天魁或天鉞、左輔、右弼、文昌、文曲化科化權化祿其中一星或數星坐守或夾宮者。

3. 只要遷移宮好的人有下列現象：

(1)出生不久後隨父母搬遷有離家背景之象。

(2)一生中多在大城市生活較長時間。

(3)工作向外地發展、開創及觀光、旅遊、大眾傳媒、公關、交通運輸、金融貿易等機運較多。

(4)數度有移民打算。

4. 命中遷移宮不好之人也有下列之象：

(1)在外發展、遇人不淑、遇事不諜，困頓較多。

(2)不利長途旅行，常有不順、受傷、失竊之事發生。

(3)在外競爭不利失挫無法順心且常有病生。

5. 遷移宮無主星者：

(1)易外出奔忙，若再有天馬獨坐或身宮在此更加忙碌，而忙有無成果，要看命宮、夫妻宮、福德宮有無會惡曜。

(2)有擎羊、火星化忌在外要小心遭人謀算，有傷災不可做進口事業。

(3)有地空、地劫化忌，不可做海外投資置產及進口事業，在外防財損。有鈴星天姚咸池化忌，小心桃色糾紛仙人跳。

(4)有文昌文曲化忌，在外易遺失證件及重要公文、檔案且在外易遭受騙上當。

(5)有化科利求學或技術轉移之學習，但不可再會化忌。

(6)見火星、擎羊入廟會突發但不可再見忌，否則發完再破敗。

6.

遷移宮有化忌、擎羊、火星之人注意交通安全，若有上述之星加地劫、地空之一注意空難，少搭機為妙。

7. 若有破軍及文曲在亥子「水」宮位，再有化忌及煞曜多注意水厄之災。

8. 遷移宮又為福德之「事業」宮位，可看出工作上小人或貴人，這都可能是前世因果債。

9. 遷移宮又為夫妻宮之「財」位，可看配偶之財。

10. 遷移宮又為子女宮之子女宮，可看孫子輩狀況。

八、交友宮

人的一生除了自己的親人外，每天都會和朋友、同事、合夥夥伴或自己的屬下有所交集及見面，所以這些親人以外之人影響著我們每天日常生活甚深，影響著工作事業的進度，影響著財源的盈虧，影響著情緒好壞等，所以朋友真可謂重要之深切。

很多企業經營者擁有許多產業、公司或工廠，畢竟憑己之力及有限時間必須將工作交給屬下之人去負責打理，若能知人善用其聘用之人卻能擔當重任不負所託，但員工形形色色、男男女女很難從外型外貌來分辨其中心藏善良踏地務實否？有些老闆用人大意用到外貌忠厚但仍會收賄、貪瀆甚至做假帳捲款等等，所以即使閱人無數的老闆們，還需要一些運氣，而這種運氣可在斗數中窺探一二。

「交友宮」是決定受雇者好壞的一個宮位，在此宮中沒有六煞及化忌之人，除了人際關係不差外，也較容易請到理想的助手，任何老闆都想找到一個與自己個性相投，又有做事能力的幫手。

如果有對方生辰八字資料這點是不困難的。

- 如果要徵一位能幹而小心謹慎的祕書，天相坐命之人非常適合。
- 若要找一位經理級部門主管者，紫微貪狼同坐命宮之人非常適合。

■ 若要找看護、特別護士來照顧家中長輩，天同天梁坐命者，他(她)的耐心、細心可使病者得到好好照顧。

■ 若需要開創事業，不妨可找七殺、破軍坐命之人，可勇猛善戰不怕苦的開創。

■ 若事業已趨穩定，即可找天府坐命之人來經營管理。

■ 而人事部門可依賴貪狼坐命者來處理。

■ 而推銷產品及銷售部門可找巨門星坐命及事業宮之人來完成。每個業務、每個專長都恰如其分，則事得圓滿達致「知命善任」，每個老闆都會是「慧眼識英雄」的明主了。

(一)交友宮無主星者

■ 部屬流動率高，能得好助手的時機來得較遲些，若再加有陰煞、鈴星時會被部屬誤事。

■ 有地空、地劫化忌者，不宜與六親有財務往來及為人作保，再有天姚、咸池則和部屬多桃花。

■ 有火星、鈴星化忌者，多與六親不和，多摩擦、爭執。

■ 有六吉曜、文昌、文曲，友人多才華，有天魁、天鉞者多能遇賢士多得事業助手，得輔弼員工眾多且有助力。

(二)在命宮有下列情況者是自己為加害於別人，若是自己交友宮，同樣下述狀況者，需小心自己是被害者。

■ 天姚加天刑、巨門及鈴星之組合，會用藥下毒方式害人，可能是異性。

■ 天姚加天刑、火星或鈴星及化忌者，恐遭化學物品毒害如：硫酸。

■ 天姚加天刑及擎羊會因糾紛持刀傷人，或武曲化忌加上列諸星系，易為財而鬧出人命。

(三)交友宮也可觀看個人跨部門協調能力，及企業是否可執行連鎖品牌聯盟企業能力。

(四)交友宮為福德之「田宅」宮，是福報的一種分析看法，故不能破，破則有傷災，甚至生命危難。

(五)交友宮為事業之「父母」宮，也代表職場上司或進貨廠商及源頭。

(六)交友宮又為夫妻宮之「疾厄」宮、配偶之健康情況可由本宮得知一二。

(七)自己的交友宮，若有化忌或陰煞看宮位地支，如：午宮注意屬馬之友人，如果要與人合夥要避肖馬之人，而化忌的那星曜也是合夥人之命身宮，更須注意避免合作者，兩者都有最好放棄合作打算，徵人也是如此？

(八)自己命盤中天魁、天鉞星是在何宮位？而該宮位的地支即為貴人的生肖。

九、事業宮

因每個人運氣不一，所以在工作事業的取向也不會相同，常有些客戶抱怨自己因沒特別的專長、技藝、技能、技術而找不到好工作，另外也對工作提不起興致來，感到人生無助及徬徨，也懷疑自己是否命太差。

其實人的命運中有時是不能找到工作，發揮專長及工作上無法契合罷了，一般人能在自己興趣、專長、工作等，有下列幾項組合：

1. 由興趣發展成專長，而且此專長為工作，這種人最幸運，但能不能一生都如此幸運，就不得而知了。
2. 興趣與專長不符，但仍可以專長為工作，而在業餘時再去發展興趣，這也是最幸運的一群人。
3. 興趣可支持工作發展，但也另有專長，也稱得上幸運。

4. 興趣與專長完全不同，也無法配合，這一類族群多半痛苦且易產生職業倦怠。

5. 不知培養興趣並為自己建立專長，人生過一天算一天，沒目標的工作，不但做得痛苦也易生倦怠，常更換工作，老是怨天尤人。

前述五種組合，第一種組合已是天之驕子不列入討論。第二及第三種組合，雖稍有美中不足，但也能發揮自己的才華也不討論。

就第四及第五種類型之人用斗數趨吉避凶之法，為自己立下好的計畫，首先每個人先別管興趣不興趣的問題，在自己的能力許可下先去學習一至兩種專長，有了專長才可去得到一份工作換取一份安身立命的收入，如果再加上努力勤奮收入也可相對增加，此時有了暫時穩定的經濟基礎，再來發展符合自己興趣的東西，因有時自己的興趣是沒市場價值的，或需等很久才能有價值的存在，除非自己有家人支持或自己有固定的經濟基礎，不然不介意先去發展興趣而忘了以專長謀職，徒費時光。

很多客戶告知自己在大學所學之科系與興趣不符，或是冷門科系不易在社會謀求工作，老師都會給予建議「忍耐」先學習專長，在斗數的看法大部分人以第二大運至第四大運，約十幾歲至四十出來做為專長學習的時間，而在第三大運到第五大運期間才較有機會來從事興趣方面的研展並以興趣為工作或發展為專長，所以有了專長其次是必須有份工作且是可發揮之工作，在大多數人的命運中不需有什麼特別好壞之運氣，即可以專長為業，只是機運帶給命主收入好壞及環境好壞有無潛力之別而已，而興趣不一定可成為工作，但興趣可在業餘來研發，就算工作不如意可用興趣來調整心情的抒發，站在命運角度來看許多事業有成之人，往往只是以「專長」為業達到人生目標罷了，至於興趣不一定可能發揮的，例如對經商有興趣之人，或是對給人打工不滿之人，容易以經商為業，但其結局都是賠錢收場，因經商最終目的是「賺錢」而非公益慈善事業，而是否賺錢無法單從事業一個官位就能下斷語，可能需參閱財帛及命宮，事業與財運有相當關聯，不是直接而單純的這兩者之間，有一個重點即是運的走向，所以要能賺錢與否必須財帛宮好，才能以經商為事業，否則最好給人打工，替財運好的人工作，讓財運好的人當老闆，他發財你也沾光可有好的收入。

6. 事業宮無主星

■ 有天魁、天鉞或文昌、文曲坐守宜公教人員。

■ 有右輔右弼常有多項工作在進行中或多有兼差、兼職，若不見地空、地劫則也可經商創業。

■ 有文昌、文曲化忌或空宮較易學非所用，多從事與自己專長不符之工作且事業波折性大。

■有地空、地劫在事業宮之人，宜農、林、漁、畜牧業或相關之農產品或加工之農產品，也可對網路事業發展或所經營之事業，藉由網路來傳佈行銷都會有好的磁場，再有化忌者可用捐獻、佈施、慈善機構或買些自己喜愛的東西，將錢花掉如此解空、劫之忌。

■有地空、地劫之人一生工作多變化常無法久待一職，但可由網路發明創造或實業工廠來著手反會有好的成績。

■有擎羊、陀羅宜專業技術、工程機械、金屬利器或有先破壞再復原之傾向工作較好，如建房舍，需先打掉原有舊房舍再蓋新房，擎羊也適武職或化工、化學之產業，而陀羅星也可從事放貸、當舖等業務。

■若有天姚、咸池則在工作上宜多與桃花有關、公關接洽或為異性服務之工作。若格局好再有天魁、天鉞、天刑時，宜婦產科之選擇。

■ 事業宮是財帛宮的「財帛」宮，可看出經商創業者、公司資金往來狀況，若打工者，則為自己收入盛衰之參考。

■ 事業宮為父母宮之「田宅」宮，可做為長輩不動產及住宅環境之參考。

■ 生年科祿權在命宮、財帛宮、官祿宮，但不逢地空、地劫，則有能力可當頭家。

■ 若生年忌在命、財、官三宮，最好以上班打工為考量，若有好的大運格局，可在那個大運時期來經商創業。

■ 找合夥人時由陰煞所在宮位看該主星為何？若合夥人是該星，則不合夥較好。

■ 老闆命盤化忌是何星，若員工也恰是那星在命宮，此員工會讓老闆很頭痛，宜避免之。

十、田宅宮

田宅宮指活人的住及死去人的住兩問題，在斗數田宅宮以看活人的住居為出發點大過其他的問題，也更吸引人的討論程度。

吃是一天三餐，這問題好解決。穿衣問題現在衣服都很平價也不太成問題，常常都看到許多家庭，還不時的將不穿過時的衣服打包，送去回收處理，而行的問題更簡單，短距離兩條腿，自行車既可代步也可運動強身，而大眾化運輸工具有公車、捷運、火車、地鐵、飛機、乘船等都很便利，娛樂有點錢可出國旅遊，沒什麼錢也可上卡拉OK唱兩首歌解解悶，這些都不難，唯住的問題，因土地取得昂貴，自然房價是你的薪水永遠追不上，即使買不起用租的「租金」也夠傷腦的，而且用租的有寄人籬下之感，讓人心裡很不踏實，若不小心一生積蓄買到個有問題的房子，那真是萬劫不復了。

古人看田宅重點在土地，次之房子，再則祖產及自置能力，以前是農業社會以農立國，故以土地多少來看富的程度，而現在是工業社會土地也不多了，反而將房子多少在何地段的價值為首選，是否有自置能力或以房產為進財的一項工作，如仲介或投資客等，再來分析鄰里狀況及環境是否舒適及住宅安全如火災及竊盜，及最重要一點是否在買賣過戶程序中受騙上當。

除了上述看田宅宮的重點之外，老師在此再提出幾個過去執業實際經驗分享，如果不太清楚自己出生資料之人注意如下：

1. 在預知即將在工作上有升遷或已應徵工作初期已有著等待分發或上班的消息時，或參加國家考試第一階段已錄取再等待第二階段面試時，不要在此階段的時期內買賣土地房子，最好在上述事項都已成定局走馬上任，或去工作單位報到或已確定分發國考單位上班後三個月，再考慮房地產的計畫或進行。

2. 已婚有孕之婦人在懷胎期間不要買房子或搬遷，宜生完再做這些事。

3. 如果常因工作要出差，居無定所之人，如須購屋最好小心些，若自己田宅運不好，很容易從事必須居無定所之工作，這是本命已成事實之事，若要買房很可能在買賣過程遭致損失。

4. 如果在一段長達一年以上時間，自己有感最近在房地產上好像較有特別好運，如房子座落地點很滿意或房東鄰居也不壞且突然有筆錢可支付頭期款或購屋款項，上述這些狀況必須從你覺得好運的那一年農曆正月開始持續了一年，則可建議在此時購買房子，但別拖延到第二年的二月後，如此可藉好運買到理想的房子。

5. 買了房子急於遷入新居之前後三個月左右不宜出國或長途旅行。

6. 如果獲贈祖產或親友贈送房舍，宜當年最後兩個月（農曆十一、十二月）再遷入，如此做法是房地產運好的那一年，如果太早遷入贈與房子，反而破了當年田宅好運，有時在好運來時不只獲得祖產而已。

如果有正確出生資料者：

■ 田宅宮有天相星太陰（入廟旺）、天府星、武曲、紫微星、祿存星而沒六煞化忌同宮，其一生房地產運應不差，除了可買到好房子也有較多房地產。

■ 沒有上述吉星坐田宅宮，但也沒六煞之一在宮內或化忌星，也可在大運走田宅宮時或會照田宅之大運來增添房地產。

■ 不想在買賣房子遇到不順或損耗之事宜，宜挑選大運與流年田宅宮沒地空、地劫化忌星即可。

■ 若本命田宅宮有擎羊、陀羅、火星、鈴星其中之一者或與太陽、太陰落陷同宮，在買賣過程中注意仲介或房東的誠信，以住宅附近有公園、路樹、森林為佳可趨吉避凶，但可能有搬遷，不可能久居一處之心理打算，如果是大運田宅宮有上述星曜狀況，在此大運宜租房。

■本命田宅宮有地劫、地空及化忌之人易招受損失、買賣、受騙或房地產權不清及瑕疵屋。

■家中有小孩參加重要考試，在未放榜前也不宜房地產買賣或裝修房子。

7. 田宅宮無主星：

■居家環境變異性大且老愛向外跑。

■有地空、地劫星但財帛有財星時，會因有關房地產買賣或相關業務賺錢。

■有地空、地劫不易置產，尤其再有左輔右弼時更確定。

■若只有左輔右弼時會有多處地方可住，但再有天姚咸池則會包養小三或小王，如果財帛宮力道強是包養者，若弱則是被包養者。

■大運流年在空宮之大田流田時，會常搬家或有天馬更確。

8. 房子在交屋時，宜配合買方屋主的流日命盤的吉日吉時來交屋，如此可保房子帶來好磁場一切順利。

9. 在個人命盤中交友宮的三方宮位有父母宮、兄弟宮、子女宮者，這些宮位不佳，則陰宅（祖墳）也會不佳，若看祖父輩以上的祖墳則看田宅宮。

10. 田宅宮有火星者再有煞曜化忌，宜注意此生易有火災，以流年尅應，若是鈴星者又有煞曜忌可能是化學物品、加油站等引起之火災，坐田宅宮有上述星系組合是自己家中起火，若是在子女宮沖田宅宮，可能是別家起火燒到自己受連累波折。

11. 田宅宮有地空、地劫及擎羊化忌陰煞星者，小心門戶安全常有盜賊。

12. 田宅宮有文昌、文曲、化科者，流年重疊化科，則家中有人金榜題名或高升或得到國家殊榮（國際比賽）等。

13. 田宅宮若有煞曜化忌、陰煞天姚等組合，宜注意家運不理想，家內人員常有爭鬥不和或病拖磨，尤以大運遇之更是尅應之期。

14. 田宅宮也是很重要宮位，若有煞曜忌沖破常有災禍，故子女宮化忌則是。

十一、福德宮

所謂福德宮是在看人的一生什麼本質呢？簡言之是福報及精神方面，以福報而言涵括了福氣、財運及你的祖先有沒有給你福氣。會不會讓你在讀書、工作、婚姻、財運方面除了你自身努力外再多給些順遂，或是一些意想不到的額外之財及享壽高低，另則就是精神方面的福報，有人為工作、為人際、為金錢、為環境所壓迫到精神壓力非常大到可能失衡，而轉換成精神方面疾病。

老師在實際客戶命理驗證在福德宮有化忌者或多或少都有些精神障礙，重則須去看醫或一生都醫不好，反而在精神狀況上倒不是以疾厄宮來單論判斷，我們平時遇重大日子結婚、結盟、公司開業、開工，都會找黃曆（農民曆）來擇一個黃道吉日來進行這些事，那擇日應該是很重要哦！我也不否認但如果自己福德宮運強的話，如果沒注意到擇日而冒然進行，會不會有損事情的進展呢？我舉個例子來供參考，有位A客戶從不相信「黃曆」也就是他做任何事情決定了就做，從不參考黃曆，他選擇了某日結婚，在當天諸事不順遂，比如當天忙亂收禮金人員給搞丟了一小筆禮金，而在婚禮進行中新娘踩到自己婚紗而絆倒但人安恙，在宴客間又有客人親友喝多了稍微鬧了一下，但一切都只是虛驚一場沒人受傷，在我們看來這是很不吉利一天，大家都認為A客戶沒有挑好日子結婚才會如此，但A客戶不以為意，他和新婚太太戀史有如馬拉松賽歷經千辛萬苦才得以成婚，今天是他們盼望已久的結成正果好日子，那一些意外插曲他們夫妻並沒有很在意也不會放在心上，檢視A客戶結婚當日福德宮星曜穩定且有化祿星並三方會吉化及吉曜十分不錯，所以禮金小部分遺失但又拾回，而新娘摔跤人無傷，有賓客鬧場也馬上制止一切都化為喜，只要福德宮吉利自己心境想法就愉快，不會因瑣事而影響心情，讓後續發展愈來愈惡化，反而能隨遇而安，所以結婚「擇日與否」？當然能相信擇日最好，若不信就須看自己結婚當日「福德宮」強否？

（1）福德宮無主星：

■ 有煞星坐更辛勞、心煩、壓力大，再有化忌如昌曲化忌，注意紓壓。

■ 有四大凶星的兩顆同坐，一生官司紛爭較多，有天刑、官府更確除非本身是司法人員或律師。

■ 在大運第四個以前辛勞，若煞多也較不順遂。

■ 有地空、地劫化忌時，一生易有心神不寧及精神方面疾病，如憂鬱症也感情多困擾。

■ 有天姚、咸池時再有擎羊、陀羅之一，感情易氾濫及縱情縱慾。

■ 有天哭、天虛，人變無元氣精神，此二星夾亦同，常有情緒失控、不明哀傷，可以多運動及戶外健行來消除磁場增運，若三方會天馬更需以運動制化。

(2)在精神遺傳疾病須參閱福德宮，而道德標準及尺度也須看此宮，福德宮是內心世界，命宮為在外行為之表徵，需合論斷人心性才準確。

(3)福德宮為遷移宮之「財帛」宮，可斷在外財運的好壞。

(4)福德宮又為官祿宮之「夫妻」宮，代表關係企業與實務之同行或競爭者。而福德宮又為夫妻宮之「宮祿」宮，可窺探配偶之事業發展。

(5)福德宮有煞曜且逢化忌者較易有自殺傾向。

(6)福德宮天梁或天同坐守又逢天魁、天鉞、化忌、陰煞、天虛、天月反而不吉，多有弱智低能難以自立，一輩子依類別人照顧。

(7)天同、天梁若地空、地劫、天空、旬空、截空，也主心志難以適應世事凡事依靠別人。

(8)福德宮太陽宮坐守，主慾強男女同論。

(9)福德宮加龍池會喜歡釣魚、吃魚的飲食習慣喜吃現撈的活魚，若加鳳閣喜歡養鳥，若加貪狼者喜愛貓狗的「寵物」。

(10)福德宮有祿存獨坐而無空劫忌者，主人小氣或用錢態度謹慎。

(11)殺破狼皆主好動貪玩之星，在福德宮時主略有所別，七殺理性的玩，破軍精力十足不玩到累不罷休，貪狼則是追求物慾享樂的玩。

(12)福德宮，「巨門加哭、虛，加火、鈴，加化忌，加孤寡」的會自殺，其自殺方式有下列：

■ 巨門＋化忌＋擎羊，割腕自殺。

■ 巨門＋忌＋火星，以農藥或燒炭、開瓦斯自殺。

■ 巨門＋忌＋鈴星，吃安眠藥自殺。

■ 巨門＋忌＋文曲，跳河或上吊自殺。

以上星系組合大運流年逢之同論，若也同時逢天魁或天鉞可解，但又逢化忌則難逃也，男看天魁，女則看天鉞。

十二、父母宮

父母宮在家庭乃指與雙親之關係緣份深淺及能否得到父母良好照顧及栽培，及雙親的婚姻、事業、財運、健康，及是否能孝親或得到遺贈等等，過去經驗中常聽命理師對孩子父母親說這小孩和父母相剋，最好能過繼別人或交由別人代養或認義父母，甚至給神明做義子等等做法，來減少父母與孩子刑剋，其實所謂「刑剋」不需再如此封建了。現在的科學社會幾乎哪個孩子沒刑剋父母，除了死別例外，諸如出生時父不在家早、難產或幼年多災病，或因環境因素不能和父母同住，給其他親人代照顧（例如父母在遠地工作或從事軍警的工作），或父母離婚或子孫早離家而住校求學或送到國外念書，這些都要算「刑剋」，但這些都是稀鬆平常之事，沒太了不起的嚴重，尤其在都市中夫妻都需工作來負擔家計，不得已將孩子交由托兒所或親人照顧，這也是很平常之事，以斗數來看真正的刑剋是命中剋子女，表示無子女或無果（沒兒子），目前經濟偏景氣不好，很多年輕夫婦都不敢生小孩，因此若沒子女完全出自於父母的意願而非命中不幸，即使生也只生一個，有沒有兒子也不會太在意香火而非要生兒子，反觀父母在自己人生中有經商失敗、家運中落，或離異，或健康有狀況，這些都無關於孩子，是父母自己的命運使然，小孩刑剋自己的父母在斗數是有的，但需仔細研判，如果真有刑剋父母，可用拜義父母的方式來補運，一旦子女拜認義父母也必須要有反哺之心，女將義父母當作自己的父母來尊敬、孝順，但須注意在認義父母前，最好看看義父母與孩子之命運又是否有刑剋呢？只要不刑剋相信雙方也會有深厚情誼。

父母宮在外面的表徵則是讀書求學的師長，出校後求職面試主管或工作的上司或老闆，以及住家的鄰里長、警察機關、司法法官等表徵。上述均可由本命宮大運、流年之父母宮看出端倪，尤其在研判當年法律訴訟，會遇到好或不好的檢警官、法官，均由此看從好壞。

(1)父母宮位無主星：

■ 有地空、地劫或天馬，則父母緣弱，再有化忌者父母易有傷亡。

■ 有地空、地劫時再有孤辰、寡宿、天馬，父母恐有傷亡，大運流年同論。

(2)父母宮內有廉貞、貪狼、天相、太陰且三方桃花星曜過多時，或父母宮煞星過重且太陽或太陰落於陷地，會有過繼離家或父母不全有離婚之相，尤以見三方有孤辰、寡宿、天哭、天虛、天馬更確定。

(3)判斷父母誰陽壽先盡：

■看太陽及太陰星的廟旺平弱陷之比較。

■看太陽宮位會到之吉凶星曜及四化狀況與太陰星之比較。

■看自己手足間的出生時辰，如多在卯辰巳午未的時間出生者，對父較有利。若自己和手足間出生時辰多在酉戌亥子丑，則對母有利。寅及申時辰不參考。

■在子丑宮太陽與太陰同宮，但一顆星一定在廟旺間，另顆星一定在平陷，以廟旺著較長壽。

(4)父母宮為財帛宮之「交友」宮，表示契約、支票、票據的關係。

(5)父母宮為事業宮之「子女」宮，指事業的子公司或分公司。

(6)父母宮為交友宮的「財帛」宮，用於事業夥伴金錢往來狀況。

三

命運與觀念

第一節 談補運

我們常聽到一命、二運、三風水、四積陰德、五讀書、六名、七相、八敬神、九交貴人、十養生，為改變命運的十種方式，乍聽有道理實際上也具充分的道理，但真的可做得到嗎？不知也。

每個人不論在運氣不好、感情婚姻不好、事業工作不好、金錢財務不好、家人關係不好、朋友交往不好，從沒靜心的來檢討一下自己，而都是責怪對方，所以自己沒改變別人又如何會變呢？要改變別人要變環境，要改變大自然都太難，太費工也太費時且不見得有效益，不如先從自己的改變較實際較快較能感受，如果自己有了改變很快一切都會見到轉變，不會沒效果的，而是自己的恆心、毅力是否能堅持，如果要寅葬卯發立竿見影，這是不可能的，因做了短時間看不到效果，就篤定無效果，且中止繼續改善自己，就說無效做了也沒用即是不對的，只要持續努力會看到成果的，要如何做要往正面思考，正確方式以不迷信態度去做，否則難持續的做，但往偏財的方向去做，反而有請鬼開藥單之反效果。

顧名思義「補運」，一定是走霉運的人才需要的，過去民間流傳一些補運方法，如吃豬腳麵線、剝龍眼殼或蛋殼，可使厄運脫殼而出，也有男人去整理儀容，或女人換個服飾顏色，或配戴些彩豔的飾品，讓人的外貌有番新氣象，或者最近老失財、財運不好或心情不佳、感情不順去瞎拼，去看個電影、去酒館喝個小酒打打牙祭，以求心情平復，讓事情有所明朗快些過去，能夠撥雲見日早見曙光，以上改運方式未必有效，但對人體健康無礙生活沒太大負面影響，也是一種情緒抒發或由朋友處得到慰藉，偶爾為之也無傷大雅，但也有些許多人把吃豬腳改喝符水，要向神購買，花下鉅額財物其衛生及成份如何，而此問號也只有神知道有效否？也有些人將理髮沐浴買衣打扮，變成要施法作法甚至要共修、雙修不當失身，家庭失和，且酬神費用可能更高達五、六位數字，目前民間常看一些高價的玉器或寶石經由神的法力，又開光又點睛的來販售，讓買的人能趨吉避凶，是避邪？還是引邪？是消災？還是找麻煩？只有當事人知道，結果到最後仍是一場空，沒改運錢還空才知上當，此時可能原本仍和樂的家庭也破碎了，這些做法不但消不了災，恐怕惹來禍害無窮，以上的改運方法，千萬碰不得。

「命」與「運」都是自己的補運，何須假手他人，還花大把財物，如果三餐都難度了，還花大錢補運，這是跟誰過不去啊！

■（一）用閱讀補運是良帖

適用於男女老少運氣不好之人，人生有許多運氣是屬於「過渡時期」型態，比如對於一心想考所理想大學的學生，在高三那年即是對想成家的男女，在戀愛過程時是過渡期，已婚婦女想要有小孩的人，在受孕及懷胎十月是過渡期，對於一生打拼事業突然失業或轉換跑道，這些也是過渡時期，年輕身強體健沒住過一天醫院，中晚年突然大病住院健康亮紅燈，在等待康復時期也是過渡時期，所以「過渡時期」的運氣有一共同點就是沒有具體收穫及創造性，結果閱讀或讀書也非一日見效的強心針，與其處在徬徨等待、猶豫情緒起伏之時期的等待中，何不讓閱讀來取代這時空（等）的時光，讓這些時光沒從生命的等待中溜走，因只有讀書不會落空，只要功力深會有所獲，過渡時期不因沒事可做，去做些錯誤的事更陷泥淖之中，在運不好在氣難平恨難消之時，切勿因是情緒不穩定、精神不集中而斷然下決定，在此時能快速恢復心靈平靜，一定是閱讀。不管任何書、小品、漫畫、武俠、愛情小說、雜誌都可以，只要稍有興趣的書都可以翻閱，如果叫你去看六法全書，你肯定會火冒三丈，看不下去也適得其反，當閱讀完，心情平復再細想打算下步該如何走，這就是趨吉避凶的補運良帖，此為閱讀或讀書可以補運的理由之一。

■ 以斗數命理而言，任何人都有火星、鈴星或地空、地劫、擎羊、陀羅及化忌星、天羅地網（辰戌）宮位都難逃其「刑」，唯有四化中化科而不受其「限」，而化科星會有讀書求功名考試之意，且易有收穫，此為讀書可以補運的理由之二。

■ 看漫畫、雜誌、小品短文或閱報，當然輕鬆愉快而無壓力，如果看化學程式、或語文書籍、或演算數學、或工科機械原理書藉，就不是一般人都接受的，若自己的所學或專長也可以，但一般人較不懂反而傷神。此時因情傷或不幸發生、意料之外、不幸之人、正在療傷恢復期或身陷法律囹圄之人或事業面臨倒閉失敗之人也是很傷心與傷神，若此時的傷神用閱讀或讀書來取代感情、事業、身體的傷神，可得情緒紓解，可暫緩錯誤判斷與決定以達趨吉避凶，這也是讀書利於補運的理由之三。

■

對學子學生而言，目前約在22歲前都是在讀書到大學畢業，再深造的也到30歲之內左右，在學生運都尚未所謂的獨立運，此時過渡期的命運型態也只有努力研究學業視為正途，也沒有所謂以閱讀改運了，就是全力以赴埋首於書中待日後的黃金屋了，若提早中止就學而去學藝或工作之年輕人，勿因已離開學校而中止閱覽習慣，很多的知識也是在課外讀物所攝取來增廣見聞，無論在世界金融、政治、財訊，及時尚的流行，都是開卷有益的，至於原本就不愛念書的孩子，更該在運不好時讀書，反正運也已不好了，再靜下心來讀書也可達趨吉避凶之效果，減少厄運的循環。

（二）數字對禁忌的迷思

日子13號星期五、男人逢9有劫、住宅避住4樓，有些電梯將4跳過，而結婚相差歲數不要3、6、9等等，這些都是日常生活中常見的一些數字禁忌，台灣人對13號倒還好，沒那麼反感，但其實以姓名學角度13劃還是不錯的吉祥數呢？綜看上述日常生活中禁忌數字，究竟會不會影響人的命運呢？

在斗數學理沒有特定哪個數字是吉抑是凶，而在斗數的婚姻觀念幸福與否，全繫於雙方的個人出生資料所造成之命運為主體，而不是幾個數字所能影響的，所以在日常生活中這些數字禁忌只是個話題而沒實質意義。每年都有犯太歲的人，今年鼠、明年牛等等，請問在犯太歲那年的人一定會死嗎？恐怕不是，反而犯太歲那年的人情財兩遂心，就一個年就能決定哪一年出生生肖的人也未免荒唐了些，但是可以小心注意些，如果自己出生年、月、日、時搭配得好，犯太歲也不過小插曲而已，不要自己生肖輪到犯太歲就恐慌搞得自己神經兮兮會沒事也變有事，所以當決定做什麼事的時候要比現實生活的實際需要為首要之考量，例如要參加任何考試，首重將書準備念好，而不是在意准考證上的號碼、座號、日期等，熱戀中的男女考慮的雙方性格、興趣、工作能力等問題，而不是琢磨在有沒有差幾歲的問題，至於與人簽約辦事、出差是把完善的文件資料準備好去赴約，而不是在意今天是13號星期五，而且農民曆也有13號星期五是吉日的，如果自己覺得運氣不好那非數字作怪，若因受數字影響而裹足不前，也很可能從此失去良機反而被數字所害或困住。

（三）命運無法用比較級

很多人來算命都問老師我命好不好，我和我妹哪個命好或是我怎麼那麼不順，凡事都競爭不了別的同事等等，很多人喜歡把自己與別人的命盤做比較，想為自己的富貴平庸分出高下，其實這是沒意義之事，就如香蕉和葡萄怎麼比較法，只有看你自己適應什麼，喜歡吃什麼，各有各的甜度、酸度，維他命是同樣道理的，每個人的命運都有其長、短處，在命盤中都可歸類出來，每個人一生中都有好幾個大運，而每個大運也都有其常短處，一生之中的每天、每月、每年均是有長、短處、有吉凶的，沒有天天在過年的，好日子也沒有永遠不出太陽的雨天，完全在乎自己如何處遇，好日子你能過，那不好的日子就更要想辦法過，因為只要能捱過這不好的日子就會有好日子了，在斗數命盤所歸納一般人認為好命的特點不外乎是錢，只要錢多命就一定好，那就以「錢」的立場來看，下面這兩人是誰命好，由你來論斷。

A君命中有些財，但命格不高，適販夫走卒工作，他一生賣麵也買了幾棟房子，因為攤子地點好，人也很勤奮，從早上五點就去市場批菜回來洗洗弄弄料理，一直忙到中午11點出攤，和太太推車到攤位來，因地點好客流川息不斷忙得兩夫妻要下午兩、三點才吃中飯，夏天更熱要站在火爐煎熬，雨天又濕又冷一直搞到晚上十點多收拾回家再洗洗上床休息，日復一日，30年買了不少房，而子女在這30年沒人照顧，所以也沒好好念書，高中勉強畢業就遊手好閒了，一事無成也開始成啃老族了。

B君命格公務人員而沒什麼錢財運，一生清廉，每天按部就班，準時上下班，也沒兼差，有2個孩子，太太是小學老師，並不富有，但假日總帶著子女出遊或寒暑假出國旅遊，而平日下班督導孩子課業並與孩子生活打成一片，非常注重孩子人品及教育，30年也過去了，B君仍守著僅有的當初買的老公寓，但孩子都已是留學博士，且一位是醫生，一位是工程師，都能自立，試問這兩人的命要如何比較，相信你自己有答案了。

在學習斗數的朋友們，如果要用比較命運，也須正確方式。譬如：命宮同在申宮，兩個女生命盤廉貞坐命分別為A女與B女，但B女的命宮加了顆陀羅星，且A、B兩女在三方宮位的甲乙級星也不盡相同，且身宮也不同，所以她們的個性不會相同，財務狀況、工作型態、婚姻也不一樣的結果，當她們都在40歲時走的大運都相同，所以婚姻A、B兩女都遇波折，都是先生外遇，但結果未必相同。

A女的先生堅持離婚，而B女的先生仍心繫家庭子女但沒離，最後也回歸家庭切斷外遇，但A女就沒這麼幸運了，原因A女有陀羅坐命，只得落得孤單一人下場，所以在研究紫微斗數時，別以「大概」、「相似」之命盤就來下斷言，稍有不慎會誤人誤己的。

第二節

改變命運的基本認知

我們將命運比喻成水和容器，命為水，運為容器，以斗數的看法可分三種型態：

（1）A瓶的命為500cc的水量置於瓶中，它可依正常放置容器是A1圖，若橫放是A2圖，其結果水量是一樣的瓶子，也是同一個，但正放、橫放兩者之間有了變化。

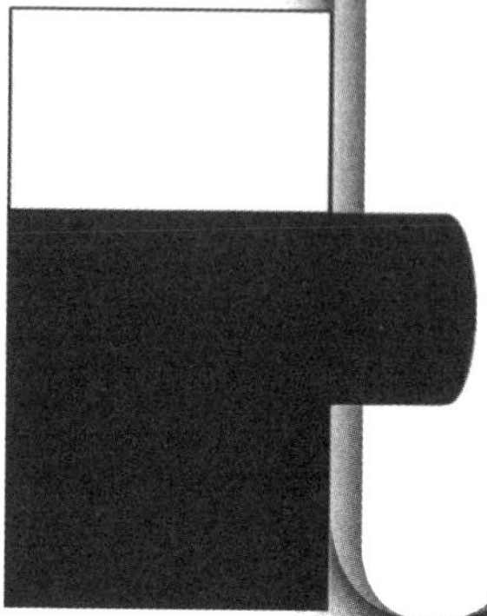

(A2圖)

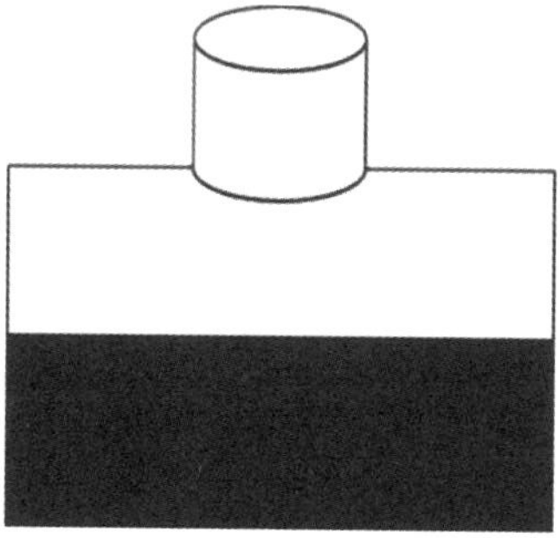

(A1圖)

（2）B的容器較特殊，原本500cc水在下方圓形體位B1圖，但將瓶子倒放，則水順流至容器，雙圖形處B2圖也和容器起了大變化。

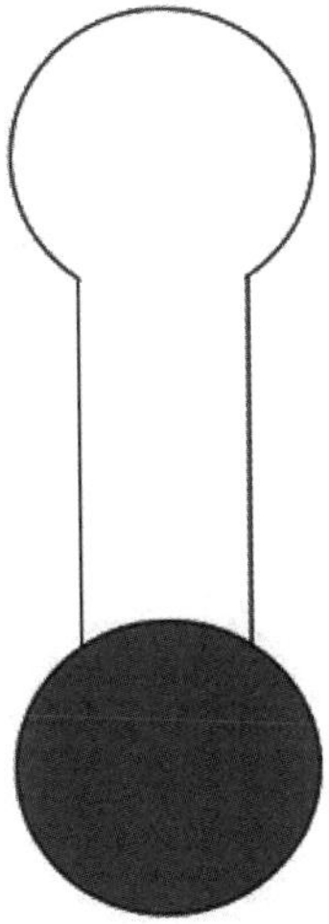

(B1 圖)

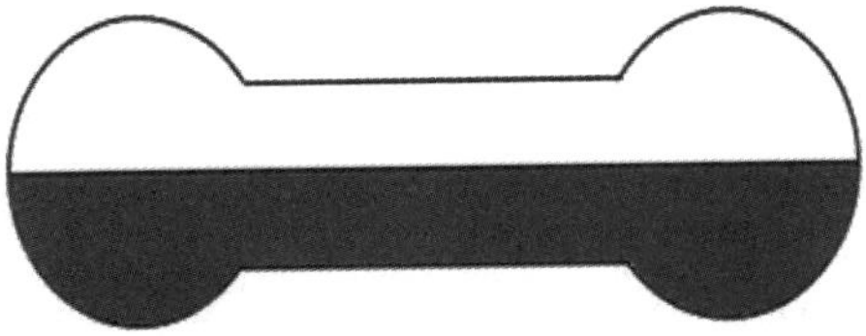

(B2 圖)

（3）C瓶容器是圓形，不管水與容器如何調整都沒變化如C1圖，但外在拿個不規則架子放上容器，才會有所視覺感覺，新的效果如圖C2。

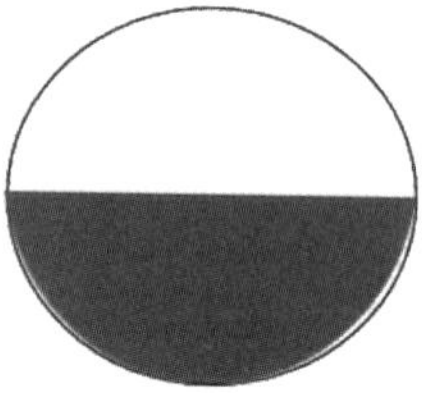

(C1 圖)

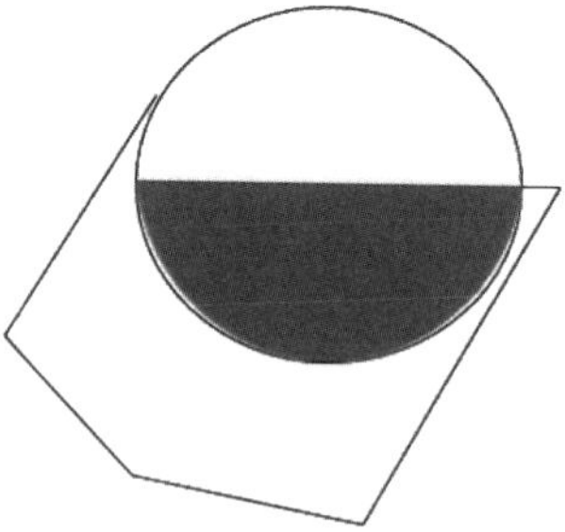

(C2 圖)

上述3個例子，告訴我們人的命運度不太能由自己掌握，因命運特點不同，瓶子做了調整，水也隨之變化。

瓶子就是運，運如何走不知道，走了壞運或好壞，自然影響命的好壞。

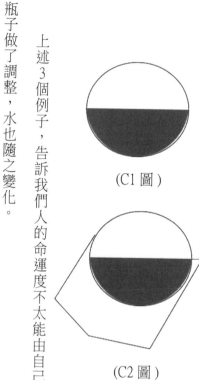

第三節 命盤好壞簡判

所謂好的宮位不外乎有下列情形：

A. 好的格局。

B. 該宮位內有六吉星化科、化權、化祿，其中一星或數星而沒六煞星或化忌星同宮。

C. 該宮位沒有六吉星也沒六煞星，但有化科、化權、化祿，其中一星同宮。

而最壞的宮位不外乎有下列情形：

A. 有壞的格局。

B. 有六煞星之一或數顆或有化忌星同宮，而沒六吉星及化科、化權、化祿星。

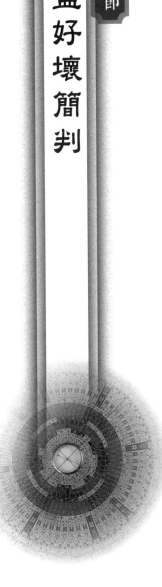

第四節 命盤各宮位用制衡關係趨吉避凶

命盤十二宮位沒有全好也沒全壞的宮位，要能靈活運用得以平衡，找出如何平衡之法則，才是趨吉避凶之道。

A. 命宮與遷移宮相互制衡。

B. 命宮與身宮相互制衡，若命身同宮，則與遷移宮制衡。

C. 兄弟宮與交友宮相互制衡。

D. 夫妻宮與事業宮相互制衡，若身宮與夫妻或事業宮同宮，則再多看命宮三方制衡。

E. 子女宮與田宅宮相互制衡。

F. 財帛宮與福德宮相互制衡，若身宮與財帛宮、福德宮同宮，則再多看命宮三方制衡。

G. 疾厄宮與父母宮相互制衡。

（一）相互幫助

王小姐的命宮與遷移宮為例：

命宮有地空、地劫二星，人生較有波折起伏，但可發揮研究、專業或數理科目，而遷移宮位有貪狼星化祿、祿存星形成雙祿交流之格局，故適合離開出生地，甚至國外就學、就業，對其命宮非常有助益，所以王小姐到海外學習和數理有關之貿易、統計專長，讓她的命宮地空、地劫之特性轉凶為吉，也因在國外因環境、語文需適應，也代替了空劫的波折。

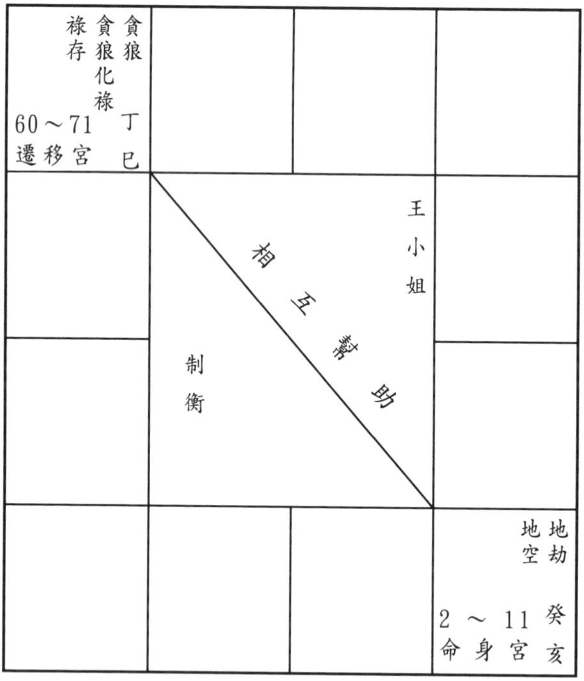

(二)相互配合

陳先生的夫妻宮及事業宮為例：陳先生夫妻宮有左輔而事業宮有右弼星，雖有輔弼容易在婚姻上有缺憾，但王先生主張妻子共同參與他的事業一起經營打拼，讓雙方在經營理念上一致且分工合作，這也是左輔右弼的特性-多助手多助力，所以二星相互配合，使婚姻事業相得益彰。

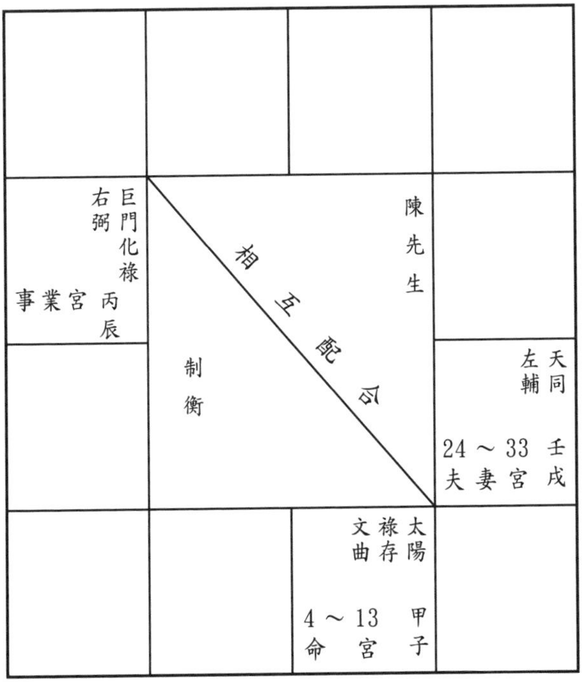

（三）相互牽制

劉先生的子女宮與田宅宮為例：其子女宮位為天機星與天梁星，本主子女少，再加上有火星及右弼星，主不順遂或無子之象，而觀其田宅宮有六煞之擎羊、左輔、地空等星，以租屋為居所，若要有自己的房屋，可能要千辛萬苦之後才有可能，所以綜合兩宮位皆不吉，無法相互助益，若走到不好之大運或流年恐有事發生，所以其子女宮與田宅宮形成相互牽制之象，若先有房產恐更影響生子之願望，若想先得子息，則需先委屈以租代買為佳，而且要不注重居住環境、區域品質及住房大小、裝潢美觀等，愈是居住品質不好，才更有生子之機會，這就是相互牽制之結果。

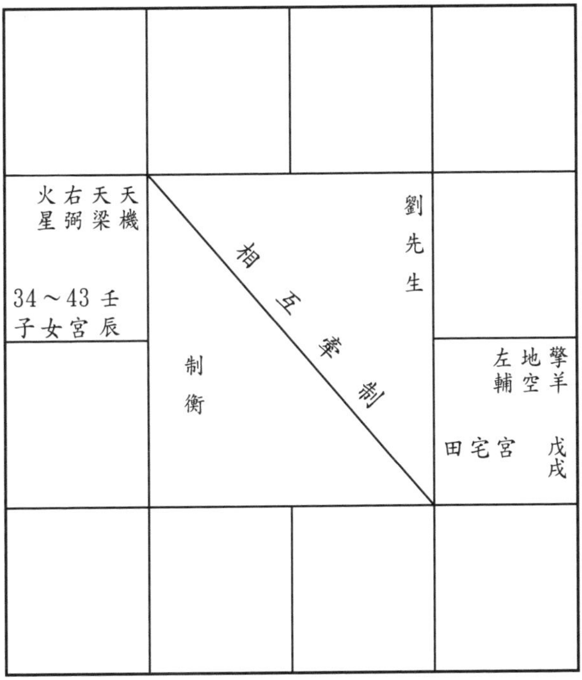
天機
天梁
右弼
火星
壬辰
34～43
子女宮
劉先生
相互牽制
制衡
擎羊
地空
左輔
戊戌
田宅宮

第五節

各大運之關聯性

俗話說：「十年河東，十年河西」或「風水輪轉，好壞運照輪」，在斗數看趨吉避凶的法門時更會有此體認，人的一生中約七個大運，長短命不計任何人都會少十年的好運或壞運，而大部分的人是好運與壞運相互交叉相隔而來，一般人大運型態如下列三種：

一、好壞運呈現規則性的間隔，也就是此十年好完之後，接踵壞的十年運如此循環。

二、好的大運與不好的大運，沒有一定的規則間隔。

三、好的大運與不好的大運大約各一半，但呈不規則的間隔。

上面所述「好」運、「壞」運之標準是當事人命盤中各宮位比較而言，而每個人皆有其命運特質及潛能，只要能抓往好時間運程努力打拼，而得到財物要能積存，待不好之時間運程要沉潛勿過度開創要能節流，待運過仍有再創新局之財與力，皆會有好成績的。

第六節 殺破狼與機月同梁的制衡

斗數的十四主星永遠呈固定配置，其呈現不外乎下列兩種型態：

一、紫微星為首的星：

紫微、天府、天相、廉貞、武曲、七殺、破軍、貪狼等八顆星，在命盤中永遠有會照或同宮之呈現方式，我們亦稱之為「殺、破、狼星系」。

二、以天機星系為首的星：

天機、太陰、天同、天梁、巨門、太陽等六顆星，也是在命盤中永遠有會照或同宮之呈現方式，我們亦稱之「機月同梁」系列。

但這兩星系在命盤中也永遠彼此相鄰、互不照會，也就是說命及其三方為「殺破狼」星系之人，其六親宮位是為「機月同梁」之星系，而命及其三方為「機月同梁」星系之人，而其六親宮位即為「殺破狼」星系，這也是制衡，也是協調，也是均衡的狀態。

「殺破狼」系列三星曜代表開始、創新改革、創新、變化與衝撞、破壞，至於在此命宮三方或大運流年逢之能否如願順遂有成，必須再看同宮會照的其他星曜狀況。

「機月同深」系列代表著思考、靜化、醞釀、計畫、談判、佈建，同樣在命宮及其三方或大運流年能否有突破，也是觀察同宮或會照的其他星曜。

命盤中此兩大星系永遠彼此相鄰，無論在天盤、大運、流年、流月、流日、流時均是如此，這也表示著人生中永遠在準備蓄勢待發（機月同梁）而繼起創新突破、創造（殺破狼）此兩種命運交替度過，善於掌握時機之人，即可依命局大運之氣選擇機會養精蓄銳再一舉出發，才是趨吉避凶之道，而不是一味的拼衝，在不對時機這樣做反讓自己傷痕累累，而喪失鬥志，反認為自己永遠沒作為。

任何人命盤此皆有最好和最壞的宮位，因此人生自有其突出的一面也會有其最低潮的一環，沒有人會是一百分的、十全十美，即使後天善於掌握命運也無法改變這種事實，也只可能彌補最弱的部分，而發揮較好的特質罷了，在研究趨吉避凶方法時，要將個人想法與實際命運分開而談，再綜合配合來做，比如許多女性朋友在感情上非常坎坷不順遂，希望找到真愛而白頭偕老，但事與願違且夫妻宮位確實不佳，反而事業宮位非常好，若不將心力全投入工作事業上反為情所苦，不但無法發揮命運的事業潛能，也會因達不到美滿姻緣而更加痛苦，如果可以了解自己命運看開看淡感情這塊而全力拼事業，也會在中年全力衝刺工作事業而蹉跎了婚姻感情，待事業有成藉由事業運來幫助彌補夫妻運或許中年之後可覓得遲來的春天。

根據大運、流年不同一般人不會永遠的某件事不吉、不順及不如意，懂得這種好運及壞運間的互相影響交織變化的脈動，也較能坦然面對命運之變化。

例如郝先生命盤為例，天盤之田宅宮太陽、太陰、地劫在午宮，而夫妻宮廉貞化忌、左輔、文昌、天馬在寅宮皆為不吉之象，而命主命宮又有陀羅星，故在乙未大運過32歲後才成婚，此大運夫妻宮逢大運天梁化權、天機化祿，而房子是在丁酉大運52歲後購買，此運為太陰化祿入本田宮，天同化權入大財帛宮，天機化科入大命宮，而大田宮為七殺右弼、文曲等吉曜，故置房產。

雖然郝先生本命夫妻、田宅宮不吉，但是並不會永遠不吉持續著，當大運限夫妻宮及田宅宮轉吉時，一樣可達成願望，只是遲婚也無法擁有太多房地產吧！

斗數將每個人分成為十二宮位，任何人終其一生的任何一個大運或流年，皆不可能十二宮都如意的，有人在好的大運賺了大錢但可能妻子也在這大運因子女宮不好而流產，或父母宮不好而失去親人，由於大家對好運的重點及目標都是放在事業、工作、財運、婚姻等，所以只要有一、兩宮位不吉，有些許事故發生就會自認運氣不好的感覺，當事業宮不吉不如意時，了不起僅影響其對宮夫妻宮有所變化，但事業宮是不會影響子女宮疾厄宮，或許相反地子女宮或疾厄宮是大吉的，只是你忽略了只將注意力專注在自己的事業上，大多數人在一場大病康復後，才深深體認健康的重要性，有許多人在屢受親人的病苦、訴訟、死亡時才發現平淡是福，在想了解斗數趨吉避凶之前，讀者先看看你現在身體健康否？而生活恬淡否？如果都是肯定的，那你已經有了基本的趨吉避凶的架構了。

<table>
<tr>
<td>天同化祿 祿存
12～21
父母宮 癸巳</td>
<td>武曲 天府 鈴星 擎羊
22～31
福德宮 甲午</td>
<td>太陽 太陰 地劫
32～41
田宅宮 乙未</td>
<td>貪狼
42～51
身事業 丙申</td>
</tr>
<tr>
<td>破軍 陀羅
2～11
命宮</td>
<td colspan="2" rowspan="2">郝先生</td>
<td>天機化權 巨門 天鉞
52～61
身事業 丁酉</td>
</tr>
<tr>
<td>地空
兄弟宮 辛卯</td>
<td>紫微 天相 火星
62～71
遷移宮 戊戌</td>
</tr>
<tr>
<td>廉貞化忌 左輔 文昌化科 天馬
夫妻宮 庚寅</td>
<td>子女宮 辛丑</td>
<td>七殺 右弼 文曲
財帛宮 庚子</td>
<td>天梁 天魁
疾厄宮 己亥</td>
</tr>
</table>

四

六煞六吉重要次級星制化趨吉避凶方法

煞星在斗數不論在各宮位帶來的必定是辛勞、拖延、挫折、困擾是非、損耗，每位命主都會在命運中不時遇到，但也只有將它當成磨練，用強度的意念力將它忍過去，自然會再走好運的，勿自暴自棄，半途中止了，現在將六煞星分別敘述：

第一節 地劫星的特性

■ 地劫星的特性對錢財有中斷停止或減少之象；或突然增加支出或遭到盜竊，若與陀羅同宮時減低或影響較小，在任何宮位皆不吉。

■ 屬於陰火在丑、辰宮位，再有個煞星同宮，又有吉星來會與夾時，一定是「雙煞同宮」會突發，而煞星以擎羊、化忌最佳，也喜陀羅在四墓地同宮也會有突發。

■ 在命宮時此人內心世界很難穿透看不出來的（或明知其有事，但堅持不肯說），若再有煞星時，心機深有城府之人，而女命易感情波折或遇人不淑或不容易有對象，而在大運流年逢之有先得後再失去之意小心在最後兩年又失去；也有辛苦之象，再會煞星則辛苦又不得志，流年逢之主該年度會增加錢財之破耗或開銷變大。

■ 在兄弟宮為手足耗財，若又與天梁化祿同宮，再有羊陀、火鈴或化忌之其中一星，同宮時會扯破臉有財務糾紛，若有結婚配偶手足也不宜財務往來。

■ 在夫妻宮代表緣薄加輔弼更有傷害而此夫妻宮又為身宮更確。

■ 地劫、陀羅在夫妻宮，若再有孤辰、寡宿而三方又少桃花曜，一生單身機率大。

■ 此星在夫妻宮，夫妻較冷淡，再有華蓋更少言，有陰煞、鈴星時，小心有第三者破壞婚姻。

■ 在子女宮主少子女，再有擎羊、化忌不利兒子；有擎羊加天刑、孤辰、寡宿之一時容易不孕；同時也可能小孩是來耗你錢財的，若三方煞多，子女也多有傷災。

■ 在財帛宮主財少有被劫之意也為桃花傷財，但有陀羅同在四墓庫而三方又有科、祿、權之任兩顆時主突發，若女命突發有可能八大行業，男命若命宮巨門靠嘴吃飯能發，但不可遇鈴星、陰煞會被倒帳。

■ 在疾厄宮主腹部以下的肢體或器官注意有中斷功能，喪失作用的意象，若三方會煞且遇空亡更確。

■ 若貪狼在疾厄又有地劫同宮，擎羊、天刑加會，男命有結紮或無法生育，而女命的子宮有問題或難生育。

■ 有化忌時因疾病引起機能喪失，若天機逢煞是手腳出問題，若在火宮則是肝疾，若是太陽、地劫則為心臟出問題，再有陀羅、化忌則為心律不整，若為廉貞則是下半身神經痠痛，再有陀羅在骨頭方面疼痛，若為天同加陀羅乃胃下垂，若巨門主肺、呼吸道之病，若為武曲也主肺、胸腔及下半身關節。

■ 在遷移宮主在外多風浪波折不宜投資，大運流年同論，再有桃花星因桃色而破耗，再加鈴星、陰煞小心仙人跳。

■ 遇羊陀、火鈴同宮在外多紛爭也多沒成果。

■ 在交友宮除非有魁鉞同宮仍有貴人助，否則多小人來拖累，即使有貴人但最後也會帶來麻煩，同時也表示自己六親緣薄，而下屬也對自己不忠心。

■ 在事業宮主研發技術分析指導性質工作為佳，不宜公務人員，會有丟官之事或中途離去。

■ 太陰、地劫宜會計出納，又有羊刃可農產畜牧業，若有太陽或太陰宜地質、地理、考古、天文學研究或命相業。

■ 有吉星時事業仍會變動且每次工作性質都不相同，若無吉星則遊手好閒，再逢煞星辛苦又無成。

■ 在田宅宮易住地勢較低之地，加輔弼會租屋，有羊、陀及哭虛之一同宮會有水患而損失房產，如有鈴星、陰煞注意防盜或財產遭人不法侵佔，有太陽太陰時又遇天馬常搬遷。

■ 在福德宮主晚年不佳辛苦，福份少煩惱也多了些，此星地劫在福德宮，命宮有一特性好打破沙鍋、追根究底，不弄個是非明白是不罷手之人，也因如此晚年少朋友。

■ 在父母宮主長輩白手起家或家境不好，與父母緣薄且易遇家道中落之象。

地劫星制化及趨吉避凶方法：

1. 在金錢方面因有「耗」之以固定要支付錢的方式化其耗，例如：每月要繳房租、貸款、學費或定存等，用此法來減少不必要耗損。
2. 宜盡早有宗教信仰及有運動習慣可強心也強身。
3. 可學習一些較艱澀、冷門要花長時間研究的學問會比一般人容易入門。
4. 可從事、醫療、命理、電子、數學、理化、設計發明之行業。
5. 在地劫所在之宮位（方位）自宅置一把「鏟子」來制化，將其掛在牆上或立起來置於櫃內增補運讓財情少失，（園藝用的鏟子即可）不需太大。

第二節 地空星的特性

■ 地空星的特性對錢財有中斷停止或減少之象；或突然增加支出或遭到盜竊，若與陀羅同宮時減低或影響較小，在任何宮位皆不吉。

■ 乃陽火好冥想之星，在午、未、申、酉宮位不宜經商求財，適合專心工作較有表現，或讀書立論或專業技術方面，技能較能發展；宜哲學、分析、策劃，此星在命、財兩宮也表示損失、缺乏、消耗，故人生中有失敗、破耗，尤其指財方面，以領薪打工為佳。

■ 喜在丑、辰、午宮位，再有一顆煞星同宮乃雙煞同宮，主突發但亦小心橫破（此指煞星同宮除鈴星外）。

■ 在兄弟宮主情淡薄，再逢天馬各居一方，又有絕同宮，則少手足，可能是獨生子女。

■ 在夫妻宮主婚前沒感情基礎而婚後不出三五年就冷淡，若有輔弼，在命及夫妻宮時易有刑傷及離異常為財爭執，若有陰煞則第三者介入而使感情不佳，若有桃花星乃外遇是第三者，否則是雙方親友干涉，加以火鈴星主感情早發但未必是好事，見鸞喜更確，因也會提早冷淡。

■ 在子女宮再有化忌、擎羊子女少或無子女命較難受孕，尤其主星是貪狼更確。

■ 若主星為天機又有化忌、大耗、空亡，則有可能孩子智能不足，也易為孩子破財，若再有哭虛時更確，若命為地空且三方會煞，也特別令人傷腦筋。

■在財帛宮主不聚財，再有陰煞或鈴星一生常有被倒帳之事，若三方逢化忌也是如此。

■若與羊、火、陀同宮有突發突破之兆，有陰煞同宮會大破財且一倒不起。

■在疾厄宮主上半身體或上半部的器官有疾病，若主星巨門是呼吸系統或鼻咽喉毛病，若主星廉貞為肩胛、腦神經疼痛及五十肩，若主星為太陽加火星則為高血壓。

■有空劫夾疾厄宮則病情輕，但有地空再有煞同宮則要小心疾病會來急，讓你沒徵兆也沒有預防之時間。

■在遷移宮主不利在外投資經商破財機率大，再有輔弼會更嚴重些，逢陰煞小心被倒帳，再有鈴星同宮遇盜匪勒索，若再加擎羊會被搶或綁架，流日或流時有地空時走路小心些，較易滑倒摔跤。

■在交友宮主無助力且六親緣薄，也易有財糾紛較少忠心，友人勿合夥多是非。

■在事業宮主靜態研發思考、策劃、分析較適合，若主星是天梁，則通宗教、命理、哲學，若再加魁鉞可公職；若主星為天機可從事創作發明。

■不宜經商，若有輔弼宜打工族，最好別去合夥投資，若有羊陀宜土木、機械、設計或營造；若有天馬可交通運輸，再加魁鉞及科、祿、權時宜交通事業之規劃設計，若僅天馬則是司機。

■地空與地劫都有創作發明的本質，但地空乃無中生有而地劫有抄襲改良或已有樣本再改造之意。

■田宅宮主常有變動，逢天馬更確，主星天梁家居擺飾較有宗教味，也可能家人熟衷宗教信仰，而主星是太陽、太陰時，居家附近易有環境回收場，而有華蓋加煞時易居墳場邊，此星在田宅宮住宅易有天井、中庭、防空洞等。

■ 加輔弼易租屋而居不利置產，當田宅宮無主星，房子較留不住或某些理由無法自住，有天刑、官符再逢煞易有官非。

■ 田宅宮為空宮無主星，但有輔弼、地空時而三方又有逢煞星、化忌注意有重大傷災在家中發生而住院。

■ 在福德宮主晚年運差，而婚姻也易錢財不順，乃配偶事業所引發的，也常為工作事業、錢財有爭執。

■ 煩憂多較無法及時行樂，觀念中晚年較能接受宗教哲學。

■ 在父母宮主有可能家道中落，長輩財利較弱，若再有桃花星也主父母感情不佳，若再有輔弼就有可能分離，逢化忌更確。

■ 若三方仍有吉星，財星父母財利仍尚可。

地空星制化及趨吉避凶方法：

1. 請參考地劫星制化第1～4項。
2. 在田宅宮易造成官司部分，可用搬家化解或者用擇吉日搬動睡床位子（也視為搬家）。
3. 若在命、身宮或疾厄宮有地空、天馬宜以運動來制化。
4. 在地空所在的宮位（方位）掛一竹簍來制化，防財破耗。

第三節 火星的特性

■乃陽火之星，個性強且暴躁，具有破壞力，獨坐命宮者一生不免有外科手術或發生意外且易留傷疤，對家庭婚姻易有波折變化，在土木火之宮位佳，在水宮位則弱，此星坐命若個性不暴躁反傷身體健康。

■喜紅、黃色乾燥地方或採光通明，太陽照射得到之處；雖屬煞星但帶有財氣，主突發喜會財星，尤其是與貪狼再加化祿時會有爆發財，亦喜與地空或羊刃同宮主突發。

■火星在命宮，三方見吉星主早發，在木、土、水宮位獨坐最好是虎賁山林格。

■ 脾氣剛毅來得快去得也快，較不記仇，在財宮也佳，但再逢鈴星、地劫、反有財困擾，有擎羊、地空同宮時可發，但在命疾厄宮小心火燙傷之災，而往生火葬機會很大。

■ 若有羊、陀、忌的傷災組合，加昌、曲、火星時其有可能大量出血，若僅羊、陀、忌加火星時則病況嚴重。

■ 在兄弟宮主不和，彼此有爭，再有煞則更凶惡。

■ 在夫妻宮主感情早發或迅速結婚，如三個月就結了，若逢鸞喜更確，但火星也代表生活較有爭執，而有鸞喜代表夫妻愛情的濃烈，但吵架也很凶烈；如果火星加天姚、咸池則是「乾柴烈火」，而若主星是廉貞、貪狼更是天雷勾動地火迅速燃起愛苗；若主星是七殺僅熱戀而已。

■ 若本命或夫妻宮有擎羊之人，要去找命或夫妻宮有火星之配偶來相結合，才會在財及事業會爆發，但也須注意一旦吵架也很兇。

■ 在子女宮主嚴厲家教，而女命也易流產，若再有擎羊、化忌時，必定是流產或墮胎，若有天哭、天虛是流產，若是喜神及鸞喜，則是自己墮胎。

■ 在財帛宮主對財源有利，易有突發財，若是落陷會帶些糾紛，喜與貪狼、化祿、祿存同宮，也有突發之象，但此時不要再有其他煞星臨會，尤其空、劫、忌更不利，會加重財方面的糾紛，若有鈴星、陰煞則會遭人侵吞自身利益，若陰煞加大耗則損失慘重，要制化陰煞來防範，若火星、地空同宮而三方又有吉助主（橫發橫破），而破耗大約在該大運的後三年內。

■ 在疾厄宮主蓄膿之意，若火星天相主皮膚色黑，有斑疤或膚質乾燥潰爛，若上述沒發生，則小心燒燙傷。

■若火星加天府主直腸、盲腸病變，再有輔弼小心十二指腸毛病，若火星加天同主胃潰瘍，若再有化忌、擎羊小心胃穿孔出血，若火星加太陽（入廟）高血壓、頭痛，落陷則傷在眼睛或紅腫發炎，若火星加天機，則失眠神經衰弱或衝動無法自控，有情緒問題。若火星加巨門，則為上呼吸道或吞嚥痛疾，也嗜菸，若再有哭虛同宮，情緒易陷低潮；尤其再有天機星更確，若上述組合再有哭虛，則脆弱會自殺（因情緒之故），若火星加武曲為筋骨痠病發燒，及肺部、胸腔毛病，若火星加太陰為眼目、腎臟病，若火星加貪狼人花性能力強，但再有天姚大耗小心性病。

■在遷移宮主外求謀，再有天馬是馬不停蹄，也樂此不疲，曰「戰馬」且愈忙愈有財，但有桃花星時，則也伴隨桃花而來，若三方有空、劫、化忌，出外合夥投資會損失嚴重，尤其火星落陷更確。

■ 在交友宮主個人與友人易起衝動及摩擦，自己會給人很乾脆不囉嗦，但也易行事未深思熟慮，若再有煞星則易與人起爭執，女命和婆婆及妯娌有爭，男命則與岳家有問題。

■ 在事業宮主對事業的開創心態是正面積極的，若與天廚同宮，會照宜餐飲或食品加工，有羊陀也適合（限中央廚房或食品加工），若有貪狼化祿或祿存也利餐飲業，加羊陀宜食品加工業；若火星加貪狼另有桃花星宜沙龍、酒家；文曲同宮生化業、化工陶瓷製造業，若火星加羊刃，軍警、公安、電機工程、機械，火星加地劫、天馬宜輪胎、汽車買賣維修，若火星加天刑宜農業、化學劑、汽油品類，若再有魁鉞，宜郵政、集郵社、郵務、郵差、法律事務所。

■ 在田宅宮主火災，主星是貪狼、巨門、廉貞時大運逢化忌飛入或流年會忌入流田都是小心為上，有陰煞同宮是小人縱火或隔壁燒過來，若三方宮再有擎羊、天刑，小心回祿之災，在田宅宮有忌的話，會居家凌亂不堪，有可能住宅鄰近垃圾場、焚化場或回收場等，而家中廚房爐灶也髒亂，宜保持乾淨明亮才會運好。

■ 在福德宮主精神苦悶較易焦躁陰晴不定，而晚年不得清閒，再有天馬勞碌有加，夫妻間感情有傷不融洽，常為工作上之事意見相左。

■ 在父母宮主家教嚴厲，若主星為巨門更帶言語尖刻，若主星為貪狼主父母有些錢財化祿或明確，若三方會煞多，則與黑道有相關聯。

火星制化及趨吉避兇方法：

1. 以從事必須使用金屬機械的技術工作為佳，如能經過有破壞再重組的過程更佳。

2. 若健康有問題而醫生診斷須動手術宜考慮接受，但年紀大且過去已動過手術不在此項範圍內。

3. 宜軍警職或在軍警或鋼鐵單位中工作，從事一般職員都可以趨吉避凶。

4. 如果早年需離鄉打拼、念書、學習都不要排斥。

5. 大運流年本宮或遷移宮，逢火星時注意房宅、交通安全。

6. 火星在病理上乃高燒、發熱或昏迷，可在火星十二宮位（方位）置一缸水每三天換水一次（注意不可超過五天）來制化讓病人退燒或清醒過來。

7. 在十二宮位火星的方位可點盞燈有助求財、考試、競選，此乃「光明燈」，但「火貪」位點燈會增加桃花性質及性病發生，須小心。

第四節 鈴星的特性

■ 癸水喜四墓庫，在命宮一生多小人而人個性強且暴躁，具破壞力，一生不免多有動外科手術或其他意外發生，亦會在身上留下疤痕且家庭婚姻有波折及變化，若個性不是暴躁反多傷身體健康。

■ 脾氣怪異，較果決，也比火星坐命者沉默些，心事較內藏，在命或福德宮易遭人忌，可用黃綠色來化解。

■ 此星與主星天府、天相、天機、天同、太陰同在命宮，主心機較深，也較防人，若與貪狼同宮為「鈴貪格」，一生在財、事業方面突發之暴利，若此星在命宮而三方會煞星多時精神壓力沉重，不安多猜忌，有事倍功半之象。

■ 在兄弟宮主手足感情不融洽，想法左右，再有化忌、空劫、哭虛更嚴重，主星為貪狼則手足中有人會突發，但自己未必受益。

■ 在夫妻宮感情冷卻得很快相互有精神的拖磨，若再會空劫更難溝通，若再有陰煞可能是第三者介入而不和(此第三者可能為外遇或雙方親友)。

■ 在子女宮，有刑傷三方會煞則傷災重，大運流年逢之可能會流產，若女命又有昌曲時小心妊娠中毒，若再逢化忌、空、劫等恐為死胎。

■ 在財帛宮主有小人侵吞，再有空、劫被倒帳，若再有化忌會損失慘重，若主星為貪狼為「鈴貪格」但不宜再見煞忌，否則橫發橫破，至少也伴隨些困擾，此格帶有投機及偏門之財。

■ 在疾厄宮主發炎、膿疱、細菌感染轉移併發症、慢性病中毒、骨骼疏鬆症，再有陀羅、化忌則長期受折磨。

■ 鈴星加天梁主腺體疾病，鈴星加天相主皮膚狀況（富貴手、香港腳）；鈴星加天同主腸胃病（食物中毒、腹瀉），加空劫胃酸過多；鈴星加天機主疑神疑鬼、精神衰弱，再有擎羊、化忌，常夢厄事、失眠或幻覺；若鈴星、天機加空亡破碎、大耗主精神不繼恍惚；鈴星加廉貞主神經疼痛，再有羊陀乃骨頭方面神經痠痛，鈴星加巨門主感冒、肺炎、口腔疱或潰爛，再加化忌是呼吸道問題，三方逢化忌對刺激辛辣食物有愛好嚴重時會吸食毒品；鈴星加太陽主雙目疾病或其他疾病的併發症影響到眼睛視力，再有羊、陀則偏頭痛，若加空、劫則血壓失常，鈴星加武曲及昌曲乃骨骼問題，再輔弼加化忌則骨質疏鬆症，另武曲陀羅亦同，鈴星加七殺主肝疾；鈴星加昌曲主血液病變。

■ 在遷移宮主在外有小人，有天姚同宮是桃花小人遭人輕薄，若有空、劫再會化忌，則失竊或遺失物品或在外投資遭人侵吞，若男命有羊刃加天姚，則自己就是輕薄份子。

■ 在交友宮主小人一堆，也沒忠心與僕人，再有陰煞更是奸人所害，若再有空、劫、空截、截路，則小心被人捲款、倒帳，而且是熟人或親友。

■ 事業宮主化工業、塑化類、電工類、焊工類或製冷凍業之技術技能。加貪狼天廚主食品加工，加文昌主印刷、出版、造紙業，加文曲主音樂、美術、攝影也是武職；加擎羊、天馬主交通運輸業，尤其在亥子宮位更佳，加魁鉞、天刑可為醫學、藥劑師、藥局，若只有天刑有郎中之性質可從事護理、復健、國術館之類。

■ 在田宅宮主小人入侵竊賊也，有陰煞更確，若三方會煞在房地產糾紛多，如有天刑、官符有打官司解決之象，另一表徵是房地產遭人侵佔，再逢空劫更嚴重或是手足爭產惡鬥。

■ 在福德宮主為福不耐久多精神壓力，有化忌更確，再有哭虛、大耗則難以快樂，夫妻也常為工作之事而爭吵。

■ 在父母宮主不和緣淺有代溝，再有空劫忌則更嚴重，若見鸞喜可減輕。

鈴星制化及趨吉避凶方法

1. 請參閱火星制化及趨吉避凶方法1.~5.五項。
2. 用來壓制小人可在個人服飾、飾品、住家、汽車等多用黃綠色系來趨吉避凶。
3. 在鈴星十二宮位（方位）尤其在本命遷移、福德、疾厄等宮位，用長青尖葉植物來壓制小人或化解心情苦悶壓力。

第五節 擎羊星的特性

■ 屬陽火一生易有血光之災包含意外之外科手術會在身體上留下難磨滅之疤痕，也稱之「明槍」，是個不折不扣的刀兵之星，在四敗地（子、午、卯、酉）傷害更重，在命身宮或三方會及易有傷災，若在四敗地再有火鈴忌星加會則更嚴重。

■ 較具有殺傷力宜從事金屬、機械、重工業或軍警武職為佳，可降低其傷害，此星亦有孤之意味，坐命再有孤寡及華蓋則心裡世界更孤單，不過此星的反制性及獨立性高，也敢做敢為，有些衝動感。

■ 此星坐命有魄力及遠大志向，落陷則是好強鬥狠在四墓庫加華蓋「虎賁山林」格，雖孤獨再有魁鉞或科、權、祿時，則位高權重利武職，一生最好從事單一工作不可兼職，以辰戌比丑未宮佳。

■ 此星坐命再其他煞星則性情更急、更衝動少慮，也會有粗暴行為，故大運或流年逢則需小心會一失足成千古恨而衝動殺人，而自己也易受傷；若是桃花星同宮則為人較浪漫但有天姚、咸池則為下流邪淫，而女命落陷坐命若無邪淫桃花同宮，當有感情困擾時恐會自殘，若有邪淫桃花加解神星會讓其人墮落，也可能因情而發生情殺之事，若主星為廉貞、巨門、天梁時更確；若主星為七殺、破軍反而不會拖延不利之感情會快刀斬亂麻；若大運、流年逢之有可能暫時淪落風塵。

■ 大運流年二限重疊若羊刃加陰煞、鸞喜有失身可能，但屬半推半就自願的，但如果是羊刃、陰煞加化忌再逢煞星則遭人強迫失身；而羊刃見天刑、化忌、官符需同宮之組合則為官訟之組合，尤其主星巨門、廉貞、武曲更有可能。

■ 在午宮擎羊與太陰、天同同宮為虎賁山林或馬頭帶箭格，另一格局羊刃加貪狼也是，但天同太陰此虎賁山林格不宜女命，是虛名非真實力，上述格局均不宜見空、劫、忌，見之破格。

■ 本命有羊陀或逢之，而在第三大運又逢之，則傷災機會高，此謂羊、陀迭併，若再遇雙化忌且男命沒魁，而女命沒鉞星時，可能涉及生命危險，此時需看夫妻宮有無離婚之象，田宅宮有無變動離家之象，而流命有無孤寡或再看三方宮，若上述有符合難逃死劫。

■ 中晚年的流年運遇有擎羊，逢化忌而無魁鉞之助且命、福、夫妻三宮任一宮有孤、寡、天哭、天虛等星時小心有猝死危機。

■ 無論男女命流年走到有右弼、天姚、咸池，而與羊刃同宮或流年羊刃，而大運為右弼、天姚、咸池此組合一定犯桃花，若再有其他煞星，則易帶糾紛。

■ 羊刃在命宮而主星是貪狼，在午宮雖是「虎賁山林」格，但為人有可能賭色，若不在午宮位其他宮位也是命，身宮或大運流年逢之，皆會接觸到賭色，若主星為貪狼但又有文昌同宮，則會因精通相理五術而有成就。

■ 若主星為天相，則小心易有破相，在疾厄宮亦同論，在其他宮位，逢大運流年時也需小心。

■ 若主星為廉、巨、貪狼同宮坐命及遷移小心一生有官非爭訴訟而行運逢之就發生，若再有官符不得不防。

■ 若主星為太陽、太陰同宮在命及父母宮主六親緣淺再加天馬更確，若太陰同宮與母無緣尚須注意雙目及腎臟問題，若太陽同宮則父無緣且要小心頭與心血管疾病，羊刃落陷更嚴重，在大運流年逢之或忌掉入的那年為剋應之期。

■ 在兄弟宮主刑傷，若頭胎為姊姊較佳，不然兄弟男生長子易有刑傷，若在陰宮位發生在姊姊身上，若自己為長子、女，則剋應在弟妹了。

■ 在夫妻宮男命有暴力傾向，女命主配偶有暴力。但夫妻宮有化權星與羊刃同宮，不論男女均主男生怕女生懼妻且被打的是男性。

■ 羊刃獨坐夫妻宮配偶宜軍警、技術人員或與異族通婚，可減煞氣，但須注意配偶一生至少開刀一次的機率。

■ 若主星為廉貞，太陰在夫妻宮又見鸞喜、大耗、天姚、咸池、沐浴在流年遇之，自己有可能吵架離家出走。

■ 在子女宮主子女傷災重再有其他煞星、化忌會因墮胎而無子息。

■ 在財帛宮主糾紛大遇化忌更嚴重，若羊刃入廟單守財帛宮，則表示鬧市生財且有突發，除此之外無論在陷廟宮位，如有天刑、官符，則有官司為財爭，若是有天姚、咸池會有桃花而破財消災，若男命再有陰煞及鈴星肯定仙人跳了被人設局，女命逢之上述組合，則被騙或被人賣掉，但有鸞喜則是自願入風塵，此星性組合在遷移宮亦同論。

■ 在疾厄宮主手術開刀、外傷、重創之傷，在陷位再有鸞喜會有大量出血傷災，加輔弼一生不只一次，行運逢之要小心。

■ 在遷移宮主在外易有傷災，若入廟獨守則盡量在鬧中取財或在競爭激烈的環境求財可趨吉避凶，落陷在外投資常有糾紛爭奪之況，加陰煞、鈴星有小人而血光之災，若陰煞加羊刃、鈴星、天姚、咸池之組合，男命小心色災或小人侵害，而女命小心墮入風塵或遭人色侵。

■ 在交友宮：六親緣淺常有刑傷，再有空劫為財不和。

■ 在事業宮主金屬、五金、機械、重工業亦宜經商，有昌、曲適合上述工作的設計、策劃、文案，無昌曲則是工程路線以理工科為佳，若有財星可經商從事金屬、五金、機械、電子類，仍需看主星何星曜同宮，故也可能為醫或軍警職。

■ 在田宅宮主家事較煩，也容易家人受傷（尤其子女）；而房地產過戶買賣更要小心，尤其遇天刑、官符、化忌，有官司或拍賣之事。

■ 在福德宮主勞碌、孤寂、早婚不利及災傷，男命：配偶可能職業婦女且能幹，但常有爭執。

■ 在父母宮主父母工作是武職或工程技術人員，加地空、地劫則緣淺；加輔弼父母為二婚或在外有情人。

擎羊星制化及趨吉避凶方法：

1. 一生因易有血光，故工作或興趣選項宜與武職、金屬、刀械、器具有相關聯工作為佳，或是演藝娛樂行業。
2. 業餘時培養一些雕刻、設計和文藝性相關之行業。
3. 若久不成婚，可在擎羊星宮位的三方四正的宮位內，若有桃花星如鸞喜、天姚、咸池，則在那方位各放玫瑰花一束來催姻緣加強力量來速嫁。
4. 羊刃星在夫妻宮不管是太太有暴力或先生有暴力時可刻自己印章，要比一般大的印章放在擎羊的方位，可使「女爭化權」、「男制化權」。

5. 羊刃在十二宮位的任何宮位，若那一宮不好（在夫妻宮），致使感情不睦可在那個方位牆上掛一支「簫」制化。
6. 因擎羊有血光之災，可用捐血、小針美容、微整形、針灸、剪髮、修指甲來制化。
7. 將自己的床安在羊刃方位的順時針下一宮位的方位，可加速成婚。
8. 若擎羊與化忌同宮位要制化那一宮位的趨吉避凶方式，可在該方位放置一面鏡子，注意若是太陽、太陰、化忌一定要圓鏡，其他不拘。

第六節 陀羅星的特性

■ 屬辛金有拖延及先難後易的特性，在人命宮主最後10年佳，例如：出生到80歲扣除念書畢業約23歲出社會工作，大約65歲退休，也就是說約莫55～65歲才走佳運較順遂，若以大運逢之後三年比前七年好，以流年遇之後四個月比前八個月好，所以此星定主辛苦，且在個性上常事難決，可藉後天努力改善。

■ 在命宮波折、是非，若在四墓庫則好些，否則中年前難發展，除非有科、祿、權吉助，並且婚姻宜晚婚，否則難熬。

■ 此星坐命之人凡事內藏，不輕易形於色，故看不出來也不易被人理解，在命、夫、福三宮位必是晚婚，最好過第三大限後再結。

■ 此星雖是煞星但也喜再與煞星同宮，如化忌、地劫，乃「雙煞同宮」三方再有科、祿、權等吉星來助，也是會突發的，流年亦是如此，有一點可供參考，若命宮或大運坐陽宮，而逢陽年、陽月、陽日、陽時生之人敗後仍會東山再起，反之，陰宮之人類推。

■ 流日逢此星有重要約會可提早出門，否則因路途原因導致遲到且該日小心易跌跤。

■ 在兄弟宮主受手足連累，再有空劫是財之事，若陀羅入廟獨守可能無手足。

■ 在夫妻宮主遲婚且婚前感情不順利，但也有另一含意，兩位交往非常多年但才分開，一般而言不主閃電結婚，每段戀情會拖很久，若再加空、劫、天姚時更晚婚，加化忌雙方會冷戰，上述而言，一般都會離婚收場，有一種情況除非陀羅在廟旺之地，又有鸞喜則會早婚。

■陀羅在夫妻宮也主配偶孤獨或性格孤獨早年離鄉背井，配偶較貌寢（不美）。

■在子女宮主先女後男或遲得子，三方有煞，子女有傷災，大運流年同論，再有化忌小心流產，若流日逢此星會被拖延生產時間，可能會剖腹產。

■在財帛宮主中年前難發，但有「雙煞同宮」則例外，但也橫發橫破也，若廟旺加火星是大財，若天馬同宮無吉助是司機命，若主星是屬水則為船員，若在科、權吉助，雖晚得但也能發。

■在疾厄宮主慢性病及痼疾，加逢煞則長年大病，若前面所提「雙煞同宮」

■

對財、事業好但病方面則不妙，有突發之重疾，若羊刃是陷地傷害更大。

若主星太陽乃頭痛，有空亡加頭昏，若有火星除頭痛晚年心臟不通有心悶之象，再過天月或空亡或破碎更確，若煞星同宮如火、鈴、忌則癡呆，

若主星武曲則手腳關節、筋骨不通，再有化忌、天馬會因意外而傷殘，

若主星為廉貞主骨頭痠麻或癱瘓，再有空劫是末梢神經麻痺，若有右弼則為骨刺，若主星為天同則是腸胃，加地劫胃下垂，若地空則為賁門有疾，若主星為貪狼性能力強，在寅、申宮更是了得，但在寅宮又有天姚、咸池主泛水桃花，若再有凶星，會因縱慾而傷到性能力，也須注意性病，

若主星為巨門是呼吸器官有疾，再有天馬、火星為氣喘，只有火星無天馬鼻過敏或鼻竇炎，但僅天馬時又有其他凶星也主骨頭意外傷災，加化忌為斷骨，若在病或絕的宮位更確，若主星有昌、曲為血液循環不良或

貧血，再有煞且帶化忌時，注意腺體或血液病徵。

■ 在遷移宮主拖延事不順，若入廟仍有爆發之可能，如有財星更好，若遇空、劫橫發橫破且更增添在外的不順利及辛苦程度。

■ 在交友宮主六親常有紛爭不睦且少助力，如有財星指財務糾紛，有火、鈴為人際或人之問題，其他範圍可廣泛到配偶的親友。

■ 在事業宮主工業、建築或資金借貸業務(錢莊、當鋪)。

■ 在廟旺且有吉星會可任武職或工程技術人員，若陷位也適合但小心受傷，若三方會空、劫、忌主一輩子在事業難有成，若火星同宮宜五金、化工或鑄造業，若鈴星同宮為重機業，若有天馬則為大型車或特別的工程車，若文曲同宮宜大型之機械製造設計，有空劫宜土木建築道路施工等工程建設。

■在田宅宮主遲得子，此星在居家環境代表石塊、小道或長深遠巷內圍牆或廢棄堆積物，所以居家環境不良且易遭破壞，若再有鈴星也易有宵小，若再有空劫則會大搬家。

■在福德宮主落寞、晚婚有莫名的傷感，若有華蓋、天刑、天虛、天哭以上現象更加重，若能導入宗教、哲學方面的接觸較佳，若有華蓋沉迷宗教，加火星是狂熱份子，有華蓋加天刑而無桃花曜會抱單身主義或是配偶而非自己。

■陀羅在福德宮亦主財延遲的晚發。

■在父母宮主難溝通，但有鸞喜反主感情好，但父母的骨頭方面有病災，再有空、劫易摔傷。

陀羅星制化趨吉避凶方法：

1. 終生不可只有一技之長，需多方面或有多項技術為佳。
2. 個性常猶疑不決需以後天努力來改善。
3. 陀羅是石頭之意象，可在十二宮位以石頭放在該方位來制煞，若大運流年遇陀羅與官府同宮，會常與公家機關做生意或請款或合約請不下來可用石頭制化，尤其主星為紫微、太陽、天梁、廉貞、華蓋、官府等星，都易與公家機關的工程合約有生意往來，若有陀羅常會被延誤，如再有空、劫恐需在疏通，若再有昌、曲、祿忌會到會鬧得滿城風雨眾所皆知且利潤不大。

第七節 左輔星之特性

■ 陽土之星是顆吃苦耐勞、踏實忠厚、為人謀福利、有仁慈寬厚、包容力之星，也是輔佐良才能增強同宮主星之能力及表現，此星與右弼以夾的力量最強，也最能發揮力道，再有龍、鳳來助夾更美。

■ 喜與紫微同宮或夾紫微，但若與擎羊、火星、廉貞同宮時，則較無助益、力量稍弱。

■ 此星若與紫府、科、祿、權、武曲、貪狼三合沖照，一定在事業有表現，人也慷慨風流、格局不差，此星坐命之人皆主容貌端正、秉性寬厚、氣度不小、樂觀進取是顆福星，但單守者是離宗庶出或身世不明。

■ 女命有此星溫良賢淑、旺夫益子，加吉星福壽榮昌，即使有煞星沖破仍有志節。

■ 左輔不喜與廉貞、巨門此二星，再加破碎，大耗同宮，易傷殘、官司刑剋之災，若輔弼加廉貞、擎羊遭盜匪。

■ 在兄弟宮主有手足多有交流及幫助，但加空劫就不和欠助力。

■ 在夫妻宮主男命妻年少，但此星不喜入夫妻宮，因有外力干涉及介入，此星入夫妻、福德宮常主二婚，大運走到左輔宮位常有十年桃花，此星加昌、曲妻貌美，見天機、太陰男命則有外遇，女命主夫貴，若再加煞星、貪狼、廉貞宜年長剛強之妻，若有擎羊、陀羅入廟，又有吉星遲婚較好，此星與天同可能是偏室或和已婚男人同居，見天姚、咸池更確。

■此星入夫妻宮命造本身性慾強烈，以子宮尤甚，會有在外情慾之宣洩，此星入命、夫、子宮位，會有情困，常有同時出現兩位情人之煩惱。

■巨門、天機、日、月、七殺、火星與左輔同宮常主二婚。

■在子女宮主得子，但不喜遇破軍、七殺及六煞，主子不成材或子女少、晚年得子，若與紫、府、日、月同宮才有貴子。

■在財帛宮主有財，若與化祿、化權、化科同宮更佳，但與空、劫同宮則常調度財源而煩，此星與財星同宮主富足，若逢七殺或大耗則有得而再失去之象，成敗未定。

■在疾厄宮主災少或逢災而災輕，若與煞星同宮則就常有災病，當流年化忌掉入即刻應，此星主脾、胃、腳跟浮腫之病徵，在身上也有暗痣。

■在遷移宮主外出有貴人助發達利出國遠行，若有煞忌沖破則不宜外出發展，多招是非有凶災。

■ 在交友宮主友人部屬運佳，若逢煞曜多則友不利，有幫倒忙之象且遭背叛。

■ 在事業宮宜武職，若多吉曜文武全才，若見煞多則起伏不定、名譽有損。

■ 在田宅宮主有祖業，多會吉星不動產多，見煞則少，此星主住宅多與商業大樓、山坡地有緣，加煞星及化忌易遭盜。

■ 在福德宮主有福可享，獨守晚年安祥，此星在福德宮心善，加六煞勞心欠安。

■ 在父母宮主有緣，加昌曲父母感情好有壽，但不喜與廉貞同宮有刑剋，加火、鈴、羊陀更不利，恐父母離異寄人籬下。

■ 若命宮無主星，只有輔弼則與父母緣薄，小時候由別人養育或小姨太之子女、父母宮亦同論。

■ 在讀書年齡，命或父母宮有輔弼時，易有重考、輟學之情況。

左輔星制化及趨吉避凶的方法：

1. 以從事社福或志工業務，來改善命運增加人氣。
2. 以踏實不斷努力或協助有身分地位之人來增貴氣。
3. 若夫妻宮有左輔星，夫妻宜多寬厚互相幫助、鼓勵。
4. 未婚男女在異性交往，宜多交幾人從中挑選適合伴侶。
5. 子女宮有此星，對於子女生育最好有重質不重量較好。

第八節 右弼星的特性

■屬癸水在四墓地最佳，為人熱心到有些雞婆性，其同情心到處降福並精筆墨胸有謀略，有成人之美，輔弼居命化權會因桃花出名，女命旺夫益子，即使有煞沖破亦有志節。

■平輩為貴人，善應酬，運限逢之多認識友人，但如有巨門流年相會，再有白虎沖主刑傷。

■女命右弼單守命宮是小老婆或偏室之命且喜歡家居佈置，但仍可旺夫益子，其人膽小、害羞、善解人意，但喜幻想、有依賴心，而男命右弼單守則為侍從，一生發展受限，且多離宗庶出（父母宮亦同論）。

■ 在兄弟宮主手足多，友人也對我有助益，但有煞臨欠力不和，要各行其事為佳。

■ 在夫妻宮主男命妻年少，加昌、曲貌美，但夫妻宮不喜此星，有外力介入干涉有外遇或二婚，此部分可參閱左輔星之夫妻宮。

■ 在子女星主子女敦厚有人緣，加吉星得貴子，若逢煞多則子女成就不如，此星入子女宮主個人慾強，會找第三者發洩。

■ 在財帛宮主財帛富足常有錢用，加科、祿、權更吉，但逢空劫則常為財週轉多敗少成。

■ 在疾厄宮主吉，單守逢災有救，一般主上火下寒，常精神萎靡、腎虧、經期不順，右弼在身上有暗痣或班疤，若見六煞則多災且不斷發生。

■ 在遷移宮主外出得貴，若逢煞則需競爭後才有利出，利於國外、遠行、旅遊。

■ 在交友宮主獨守旺相友眾多助，但與六煞同宮會照，則小心背叛盜財，損及名聲。

■ 在事業宮主吉喜與紫、府、昌、曲同宮文武全才，單守宜武職，居陷地成敗有貶謫，見六煞一生有黜降之事或名譽有損。

■ 在田宅宮主有祖產會吉曜更富，若加六煞則退祖業不動產少，但遇魁鉞、科、祿、權仍有祖業成敗不一，較與水溝、渠道、小屋有緣居住。

■ 在福德宮主有福多吉少憂但逢六煞仍心力欠安。

■ 在父母宮主與父母有緣與昌、曲同宮有壽，可得父母庇蔭，若逢煞多離宗庶出，與廉貞、羊刃化忌同宮父母離異。

右弼星制化趨吉避凶方法：

1. 請參閱左輔星同論。

第九節

天魁星的特性

■ 陽火乃天乙貴人，本身善處理人際關係，若大命、大運、流年逢天魁星宜把握運用各種貴人。

■ 此星喜日生人，男性更佳，一般也主是男性的貴人，也有例外，居命喜助人也被人助，若與紫微、七殺、太陽、天梁同宮時表情威嚴些，若有逢煞會照脾氣倔強不服輸，若有科、祿、權會，那就豪氣干雲，氣象萬千。

■ 此星坐命若有化忌同官，女是熱心助人，但會因人情事故領悟力差不善表達，反而弄巧成拙幫倒忙或被誤會反得罪人，若再有煞星則愛計較，食古不化老古板，此星在丑宮（甲戊庚生人）或與空、劫、忌任何一顆星同宮，也會削弱貴人之助力。

■ 此星加化忌同宮反而少貴人，也較易得罪貴人及長輩，此星在命若不帶煞，宜公教職，而有煞時即使為公教職，也易得罪人，遭排擠與長官也不和，若此星在命宮又有桃花，再有煞星反而和長官上司有曖昧。

■ 天魁與主星同宮外貌莊重，其人也較有倫理，而男命身高可依主星之高度再評估多5公分左右。

■ 在大運流年逢之利升官，若有財星同宮則更好，有利財官雙美，若再有將軍星更確。

■ 在手足宮主友好、互助、互利，在陽宮有兄弟，若逢化科、化祿必主兄弟姊妹有好名聲，若化忌則不利名譽，若逢化權手足會管制自己嚴厲。

■ 在夫妻宮主夫妻俊美，男命妻有才能也具男子氣概，不拖泥帶水，女命則配偶貴顯，但夫妻宮嚴格來說並不喜歡天魁吉星，也主桃花及第三者來干預夫妻之感情世界。

■ 此星與紫、府同宮主配偶有地位，與化祿同宮主配偶有財勢（財星化祿）更佳，與天相同宮主配偶有情，與武曲同宮主配偶善理財，與貪狼同宮主配偶感情甚篤，與破軍同宮主配偶有開創力，與輔弼同宮主配偶對自己非常有幫助及助力，但太多桃花在夫妻的生活中。

■ 在子女宮主生貴子女，但逢化忌則子女性剛烈難服管教，若有科、祿、權、昌、曲，則子女發達非常優秀。

■ 在財帛宮主為人打工、為人服務、發貴人財，但不可見空、劫、忌，是犯小人且破耗，此星單守財宮較清顯不會貪非份之財。

■ 在疾厄宮主有貴人、醫生會出現在自己有重疾之時，故有病不忌醫，而一生也少災，但再有煞忌則仍是有災病，但也是可找到良醫的。

■ 在遷移宮主外有貴人助，如加財星更有可在利上得到貴人助，除在本命遷移大運流年逢之皆吉，若再有科、祿、權更有如虎添翼名聲揚，但遇化忌則不順，若是地空、地劫則有損，若有忌再有空、劫，則敗得很慘要小心謹慎。

■ 在交友宮主有好的能幹的屬下，也會得上司、長輩之助。

■ 在事業宮主為貴人服務而得到提升，容易有功名，也非常適合公務、教職人員，也可從事替人消災之工作，如消防員，加火、鈴同宮宜宮廟為人收驚消災工作或社會服務生命線等工作。

■ 與天刑同宮利法律工作者或收驚消災解厄工作，加鈴星宜藥業、推拿、按摩、國術或化工業，若加擎羊為醫師（外科居多）或需持利器、金屬之工作，亦可商業金融，若有昌、曲文化、出版、大眾傳播媒體或文學藝術創作或學術性教學研究單位，若搭配主星為財星，宜經濟類研究，若為貪狼則是家事、公關、美食等研究，若有羊、陀可居武職或工業、工程、技術人員。

■ 在田宅宮主文教區，也易出生在書香門第世家，而將來買房地產易得貴人助，有好的價錢、貸款之協助，或有人出資協助等，若有財星同宮也住在財經單位銀行旁邊，大運流年逢之也適合工作室教學或在家裡開課補習班等。

■ 家族有人具權威感，常做公斷之事，如仲裁。

■ 在福德宮主貴人相伴，在人生中常得人助而逢凶化吉，若與財星同宮則為財之事獲得解套，若與桃花星同宮則一生在感情方面常有活力、熱情，若與天梁同宮則長輩、師長、上司為貴人可多往來，但逢忌沖破則有災也需小心的。

■ 在父母宮主父母正直之人，也得父長關愛在家，再加財星則父母富貴雙全。

天魁星制化趨吉避凶方法

1. 此星以紅色能招運，在十二宮位均可以，宮位的方位加強紅色色系佈置來招貴人磁場，或以國旗置於該方位更有好的效果。
2. 天魁加化祿同宮，可置黃金葛加紅布在該方位讓財順遂。
3. 天魁加權可將自己印章、公司章（石頭）放在該方位下方墊紅絲絨布，若有雞血石印更好，可讓自己招貴重量級貴人。

4. 天魁加化科或化忌同宮時，將該方位打理乾淨，用一盞燈長期照耀在一塊紅布，可招貴人打知名度及消災厄。

5. 命及夫妻宮有魁鉞星者挑配偶時其命盤，命或夫妻宮也有魁鉞者佳，此為「天玉合和」格，互成對方貴人。

6. 看自己一生的貴人是誰，看天魁坐何宮位（十二地支），例如坐子鼠、丑牛、寅虎、卯兔、辰龍、巳蛇、午馬、未羊、申猴、酉雞、戌狗、亥豬，即該生肖為自己貴人，坐陽宮則為男性，坐陰宮則未定性別或兩者皆有可能，而十年及流年運看十年大魁及流魁星，亦以上述者看法而定生肖、男、女，若流年則是流魁力量大過大魁力量，而大魁力量更大過本命魁星力量，只是流魁僅一年效力，大魁是十年效力，而本命天魁為一生至50歲之前均有效，但上述天魁所坐宮位有化忌、煞曜多會之時則要小心了，此貴人或許反成小人，或者剛開始是貴人，後面時期反成小人或雙方鬧得不愉快。

7. 女命坐天魁星在愈困難時，可用前幾項制化法，但在找生肖、男、女、貴人幫忙時，要注意小心謹慎，先多方打探對方能力是否有助自己，切記之！

8. 本命天魁在50多歲後自己反而是別人的貴人，另雖有貴人助但也易陰錯陽差而錯失或有誤解而流失掉。

第十節 天鉞星的特性

■ 陰土乃玉堂貴人也是貴人星之一，坐命宮善調解人際關係之人，在本命大運、流年逢之更，可好好把握貴人運用，但在本宮坐守又是「甲戊庚年出生之人」力道較弱，若再有空、劫、忌同宮則力量大減。

■ 此星適女命且夜生人，而通常代表女性貴人出現在陰宮更確，若居陽宮則未定，在女命主端莊、氣質高尚，而男命亦俊雅，但再會桃花及右弼時，則遇擾人的桃花，通常也表示是幫助自己的人而產生的感情困擾。

■ 此星與天魁夾命其力量最大，也代表父母、兄弟、手足之助，此星得貴人助也喜助人，尤其與紫微、七殺、太陽、天梁同宮時更有嚴肅的感覺，若再有煞星會照個性剛毅倔強對人與事均不服輸。

■若有化忌同宮則是善意助人但表達能力不好，反造成誤會弄巧成拙，如再有煞星來會，則愛計較且食古不化。

■此星坐命的女孩會比一般女性較高些，此星坐命再有桃花同宮，則更是迷人且外緣佳，也常被男性追求，在大運流年逢之則利升遷，又逢將軍時更確，若有財星同宮則可得財利。

■若天鉞加化忌則易受貴人排斥或得罪貴人，自己的長輩或上司也較不和，尤其是女性。

■在命宮有羊、陀同宮，宜技藝類工作或工業有關建築、營造、裝潢或美工、雕刻，有文曲更佳，若在命宮有科、祿、權者，兩顆以上主財官雙美。

■在兄弟宮主友好有助，若主星太陰或陰星時，也易得姊妹資助，但有化忌加空、劫則受拖累且不和。

■ 在夫妻宮主男配女嬌娘，而女命主夫有異性緣，可參閱天魁星特性內之第七、八項。

■ 天鉞在夫妻宮除本身有桃花性，如果與文昌、文曲或其他桃花、雜曜同宮都有外遇性質。

■ 若天魁、鉞一顆入夫妻宮，另一顆入福德宮而見桃花，肯定有第三者介入，在大運流年逢之亦同論。而魁鉞桃花是被動性，但昌、曲則是主動性。

■ 在子女宮主有貴子女，在陰宮或與陰性主星同宮對女兒有利，若有科、祿、權更是一方面之霸，但不喜遇化忌，會使天鉞吉象無法發揮，且子女易得罪貴人。

■ 在財帛宮主服務女性貴人而進財或對財有利之事，故也可從事女性商品服務業，有化科或昌、曲同宮可因名得利，若同時又有空、劫忌則犯小人且破耗，此星加羊、陀則利技藝及工業、美工、雕刻生財，見文曲更有可能。

■在疾厄宮主有貴人可遇良醫，大運及流年逢之同論，以同宮之主星及煞星來斷疾病，若單守一生少疾。

■遷移宮主出門得貴人助益，尤其女性貴人但不可與煞星化忌同宮否則吉凶參半，會科、祿、權則吉上加吉。

■在朋友宮主交益友與配偶方親友也和睦，也會遇到好幫手的部屬，但逢空、劫、天馬時則六親緣淺。

■在事業宮主公務人員或公益事業或仲裁工作，若與主星為財星者業務性質偏向財經、金融方面，與天梁同宮主教職、公益事業，與天府同宮有仲裁性質，依各主星之星性不同會有所不同。

- 加昌、曲主文化、出版、事業，加擎羊、火星可能和印刷廠有關，若只有羊、陀宜工業、營造業技術及材料生產，若有貪狼加天廚宜食品加工或材料業，若逢空、劫宜打工為宜或實業工廠，也可分析、策畫相關工作。
- 可參考天魁星之事業宮內容。
- 在田宅宮主易住文教區域，也對運有莫大幫助，如有昌、曲、科、祿、權或龍鳳更佳，更適合文教區，可得貴人幫忙。
- 家中易有權威之人也是家族中仲裁者。
- 大運流年逢之也可居家教學或住家當營業場所。
- 在福德宮主一生近貴人而逢凶化吉，常有陰貴人相助，若有煞忌同宮則吉凶參半，若是財星化忌同宮則勿與貴人有財務來往，若有桃花星、貪狼、廉貞化忌再有天姚、咸池、大耗、沐浴等星臨會，最好不要與貴人有感情，否則糾紛很多。

■ 在父母宮主父母正派也可得父母、師長庇蔭幫忙，若再有財星主父母富貴雙全。

天鉞星制化及趨吉避凶方法：

1. 天鉞星多為異性貴人之幫助而產生感情，也可能為不適合發生的感情，所以當事人必須理智行事，而貴人往往間接而來，需確認「貴人」是誰，並知恩圖報。
2. 天鉞星善用金黃色系與天魁紅色不同，女性較宜使用，在經商談生意時，可將對方安排在自己命盤魁鉞星方位來增強磁場。
3. 請參酌天魁星之制化趨吉避凶之第2.至8.項，內文有關顏色改為金黃色。

第十一節 文昌星特性

■ 陽金之星特性主功名科甲，代表有文藝方面潛能、專長，也代表專業、知識、學歷、證照、考試等，此星與化祿或祿存為同宮，又叫「祿文拱命」，既有財又有才為雙才也，大運流年逢之亦可進修。

■ 此星不喜與破單同宮，再有天姚易有溺水之事，在大運流年化忌掉入宮限之命或遷移就要小心。

■ 與貪狼同宮有吉星會，會對古書經典有興趣及研究，但有煞星則不務正業，尤其貪狼加擎羊解神之組合，男命漂泊，而女性有淫邪去八大行業上班，若文昌僅與貪狼同宮有成為命理師及乩童之可能，但再加煞星則小心神棍。

■文昌坐命斯文且才華洋溢，有書生氣質，也好學習讀書，會輔弼更有多項才華，其思考模式也獨具一格，但若有化忌及陀羅則會阻斷學習，有中途轉學、中斷之可能或學習情緒低落等，此星與較陽剛之星破軍、七殺同宮，反主不妙會有落拓書生、文不文武不武之象，常在猶疑中不能成就大事，在命宮有台輔、封誥、思光、天貴者，有技能之長，宜考證照。

■文昌喜化科，利學術研究，若有權祿來助必成大器，單有文昌坐命不一定是學業好，若沒魁鉞及化科來助，也一般學歷爾爾，此星坐命較苛求自我，有完美主義者，但與太陰同宮又很詩情畫意，不太計較也喜浪漫情愛，若與武曲同宮，則「文武雙全」或「智勇雙全」，是財經專業管理人才。

■在兄弟宮主友好，若化忌小心與手足間將來會撕破臉，再有天刑、陰煞、大耗、羊刃等亦可能對簿公堂。

■在夫妻宮主恩愛有情趣，而配偶有文藝之嗜好，夫妻可發展共同興趣，若有空劫則要晚婚吉。

■主配偶細心，機月同宮男命妻貌美，女命夫俊美，與紫、府、太陽、太陰、天相輔、魁鉞及三吉化主配偶權貴，但不喜與廉、破、殺及六煞忌同宮，有廉貞主外遇，有破軍主勞碌，有化忌則配偶為俗人或學識淺。

■若在夫妻宮獨見文昌而不會文曲者，主婚前多次戀愛，若昌、曲同宮又有煞，此時命與福德宮皆有煞忌皆主外遇，男女同論。

■若與廉貞同宮，再有哭虛、破碎或鈴星同宮，則夫妻漫漫長夜冰冷如寒冬，會長期冷戰。

■ 女命有文昌主夫有才氣，也較有原則，人際稍弱，若有火星同宮或再有天姚，會因衝動而結婚。

■ 在子女宮主有文藝，以不逢煞忌為準，有人緣嘴巴甜。

■ 在財帛宮主有文藝、創作、設計相關之財，有財星又無煞忌同官或化祿、祿存同宮，則為「祿文拱命」格，文昌加奏書、化權在財帛宮，則可以寫作、創作、散曲來進財或有版權、註冊、專利之意。

■ 在疾厄宮主注意血液循環系統，若有天同，天府、破軍注意腸胃，若有巨門主呼吸系統，尤其上呼吸道，與太陰同宮再逢煞忌主血液病徵或血癌、血友病等，若與火、鈴同宮會長瘜肉或斑疤，尤其又有輔弼，可能是斑疤或痣。太陽（頭部）、天相（臉部）、天馬（手部）、地劫（腳部）

、破軍（胸部）、巨門（脖子、口）、貪狼（性器官）、天同（腹部）。

■天機逢煞再有文昌同宮主精神衰弱、情緒不穩定，太陽加煞主心臟、血壓問題，空劫與文昌同宮有貧血之兆，再有鈴、陀主血栓及血管病變。

■在遷移宮主在外學習好，也常有外遊、學術發表、演說，若主星為巨門又有魁鉞更確，若逢煞忌主在外經商，談生意注意合約等方面出問題。

■在遷移宮除文昌化又有科、祿、權則揚名國際，至於是何種事揚名，需看所搭配主星為何！

■在事業宮主才能發揮且文書作業不差，適合分析、策劃，若主星為太陽、太陰可大眾傳播、文化、旅遊業。若主星為天梁則適合文學、宗教、農產品、土地、易卜相學。若主星為貪狼主語文、公關、外交或娛樂相關事業，若主星為七殺也可適合語文，與魁鉞同宮主公務人員，有輔弼同宮宜高檔餐飲業、飯店有天廚更佳。若與武曲、天府同宮，宜財經專業、國際貿易，但逢煞曜化忌則小心文書之文件常出紕漏，也不可為人作保。

■ 在田宅宮主環境是文教區，而家中陳設也較文人氣息，若有煞星同宮，注意家中與水有關之設施出問題，如下水道、水管堵塞或漏水等或反潮，有魁鉞同宮，適合住家教學或開托兒所、長照等。

■ 在福德宮主有品味、高格調生活品質（精神層面），若主星為機月同梁星系，則人較溫柔、感性，若為殺、破、狼星系較剛硬，此星在福德年紀大時注意血液循環較差。

■ 在父母宮主與父母有情感，以不逢煞忌為確，逢之則多有爭執。

文昌星制化趨吉避凶法：

1. 用藍白色來佈置文昌位（此命盤的方位），此方位宜保持清潔光亮，如果家中浴廁在此方位，而家人的文昌位也在此方位，則頭腦就不清晰了。

2. 要考試的學生，可將書房置於此方位，若礙於格局，無法做到，可將睡床置於此位，若仍是無法做到，將此方位打掃乾淨，勿堆雜物保持光亮或點盞燈，尤其在考試期間，這燈保持不滅，直到考完試放榜為止。

3. 若財星與文昌同宮的方位，可在此方位置盆室內植物來增財氣。

4. 文昌在人體代表血液，大地為河川、渠道，在家中為水管或管道間，住家門口的水溝若長期堵塞或大雨淹水，則這家人孩子不會讀書，且家人常有血液血管疾病需注意。

5. 一生多選擇一項或多項文藝相關之技術知識來研究或從事文藝相關工作，此為在命、福、事業宮而論。

第十二節 文曲星特性

■ 屬陰水，偏向口才及特殊才藝發揮，對從事藝文工作較有表現，喜居子、丑、寅、卯宮較有力道，餘宮位做平常論，此星化忌不喜坐命、遷移宮且宮位又在亥、子、宮位，則要小心水厄災，大運流年逢之亦同論。

■ 文曲坐命之人較有藝術家風格，較寡和些，也從外表看有點梁朝偉式的憂鬱，對星相學也會有些興趣及天份，不論男女均注意外表修飾，若再有右弼、鸞喜則更喜裝飾，可用青、藍色開運，逢化忌則一生小心，勿做保人，契約、合約的簽署更需注意，若再有天刑則小心官非，尤其與廉貞、巨門同宮時更確。

■ 與武曲同宮主雙曲拱命宜金融業，若再有火星可生化科技業，若加鈴星可攝影美學、電腦業，若與羊刃同宮宜雕塑工藝，加陀羅同宮主機械製造業。

■ 與巨門同宮主演藝事業，加逢科、祿、權可能又為精通多國語言或律師、法官、文學家，與太陽、太陰同宮主氣象人員或研究地球科學者。

■ 在夫妻宮主除具備文昌星，在夫妻宮之特性外，另兼具下列性質，主配偶有口才，但也兼帶桃花性質，若昌、曲一在夫妻宮，而另一在遷移宮則配偶揚名海外，若見煞則有外遇，若在辰戌宮各有昌、曲，即夫妻與事業宮則易離婚，若文曲獨做戌宮主招惹桃花，在福德宮亦同論。

■ 當桃花運來之時如何分辨是好桃花與否?要看是否會上大耗、陰煞、天刑、化忌等星，會六煞較無妨。

■ 可參閱文昌星在夫妻宮的特質。

■ 在兄弟宮請參閱文昌星。

■ 具文昌星在子女宮特性。

■ 在財帛宮主以口或才藝生財，必須以主星合參。

■ 在疾厄宮主腺體、血液循環、疾病必須以同宮主星論斷，也可參考文昌星在疾厄宮之病徵。

■ 貪狼、火或鈴星同宮再有天月、天刑、化忌、病符等星有愛滋病或嚴重性病，與天梁同宮，再加輔弼則有甲狀腺機能亢進，有輔弼同宮較有斑痕，遇羊、陀面積更大，與巨門同宮再有火、鈴星之主上呼吸道及扁桃腺病症或腮腺炎（俗稱豬頭皮炎）。

■在遷移宮主適出外學習才藝或出國表演，逢天馬更確，若天機、天馬化忌同宮而會羊、刃主車禍（機車、大貨車），若此宮位又有病、絕，則情況不輕，再有陰煞是撞人，文昌化忌在亥、子宮小心水溺災害，遇破軍更確，大運流年逢之更確，若文曲化忌再有空、劫星，居遷移宮在外投資不利常遭遇詐騙。

■在事業宮主文藝、才藝相關工作，看主星而斷與財星同宮，則可能專門製作經濟、金融方面、廣告、文宣等，若有化忌小心常出狀況或設計出錯。

■有專業技能但有煞星同宮，大運流年逢之會常換工作。

■在田宅宮請參閱文昌星。

■在福德宮主有才藝之嗜好，與巨門同宮則喜歡歌唱，也較有品味生活且學習事務很快進入狀況，尤其才藝方面。

■ 在父母宮主關係不差，但不可有化忌煞曜，有化忌則口舌之爭。

文曲星制化及趨吉避凶方法：

1. 命宮有文曲化忌者開口之前先三思，會常有口誤或表達不當，若化忌又與巨門同宮會有口吃情況，再有陀羅更嚴重。
2. 可參考文昌星之制化及趨吉避凶方法。

第十三節 重要次級星特性

一、紅鸞天喜

一、代表：

（1）人緣人氣旺。

（2）有吉慶之事（婚禮）。

（3）流年逢之有收禮物，但老人逢之有血光，故紅鸞不喜與羊刃或天刑同宮尤其在疾厄宮；雖也有桃花之意是好桃花。

紅鸞代表美的事務，有昌曲或美的主星，更是清奇秀麗。

二、紅鸞的桃花緣多相互中意，而天喜則是對方來追自己，而紅鸞有虛榮心、好面子、打扮。

三、天喜星守命之人個性外向，喜歡動態、外出，交友廣，異性緣好，但略帶衝動對感情處理，有此意味較有孤寂感。

兄弟宮，感情不差，尤其和姊妹更好。

夫妻宮，有早婚之機，見火星更確，夫妻感情佳，即使有煞會偶有衝突。

子女宮，會生女兒也疼小孩，但會火星、羊刃則小孩多血光，煞重孕婦有流產之象。

財帛宮，會常有贈禮或小分紅之事。

疾厄宮，有血光之災，有羊刃較凶也嚴重，不可再遇火星會大量出血或昏迷，可捐血、小型美容破災厄。

遷移宮，有人緣，不可有羊刃，易有傷災。
交友宮，有人緣可得友助益，有輔弼更佳，但也容易有男友情愫發展。
事業宮，喜好工作，也可得人緣。
田宅宮，家庭生活和樂，彼此關愛。
福德宮，感情早發，有機會早婚，人也好打扮。
父母宮，和天同星同宮，父母俊美，感情也佳，自己可得母親疼愛。

制化方式：

1. 在鸞喜位上放花，可招正緣桃花或加深夫妻感情。

二、天姚星

1. 相貌方圓、容貌可掬、感情豐富，在命宮桃花不斷，除非有空、劫、忌才能降其桃花性之天德，空亡、月德、天空、天魁也可制天姚，以天德最適，天姚單守或所會之星非桃花星主好學，對文藝有天份、談吐氣質佳，流年逢之有異性緣。

2. 丑時生人，天姚坐命宜晚婚；若有羊刃同宮，一生常意外事件，無魁鉞助恐天亡。

3. 在命宮天姚、鈴星易有小人、桃花(爛桃花)，再有天刑，恐引發糾紛，天姚地劫在身宮，注意水厄之災，成人較好些，但注意腎臟疾病。
兄弟宮，主多姊妹，逢貪狼、巨門較有異胞手足之可能。
夫妻宮，主配偶易有外遇，有輔弼更確，若有魁鉞易有師生或和晚輩之畸戀。
子女宮，子女可愛有人緣，但有天相同宮，容易在外偷生。
財帛宮，乃桃花財居多；若有羊刃、解神，則女性有八大行業之桃花財居多。

疾厄宮，加貪狼易縱慾，女命有婦科困擾，有火、鈴更嚴重，男命有性疾病。

遷移宮，在外有人緣，可行銷業務，但有煞星較多糾紛。

在交友宮，與友關係友好，但有羊刃，會有刑傷。

事業宮，與桃花工作有關，有羊、陀則更確，有火、鈴會有桃花或交際多，有昌曲多是西餐廳、酒吧。

田宅宮，會容易住在燈紅酒綠區域，有右弼會有小公館。

福德宮，有桃花人際好，也多為此事而忙碌。

父母宮，代表母親外緣好，父親較有異性緣。

制化方式：

1. 可將玫瑰花置於天姚位增加桃花緣。
2. 當感情有桃花困擾時，想擺脫糾纏者；也可在天姚放玫瑰來擺脫爛桃花，而招新的桃花情人取代之。

三、咸池

1. 帶有邪性之桃花，坐命有異性緣，再有煞，困擾多。
2. 有空劫忌同宮為桃花破財（會照亦同論），此星坐命一生會有段際遇（財與桃花一起來），此星桃花性對婚姻較有傷害。
3. 天德可制咸池需同宮，若地空或空亡亦可壓制其桃花性，但破財。
4. 羊刃咸池女命再有天姚會到易有情變，有感情不幸之事。

兄弟宮，力量小較無明顯影響。

夫妻宮，配偶較有桃花邪性，需再有沐浴大耗更確。

子女宮，子女秀出美貌。

財帛宮，可桃花事業進財，再有沐浴大耗更確。
疾厄宮，與貪狼同宮易有性病，尤其帶煞更確。
遷移宮，有好人緣或異性緣，但有煞忌會有困擾，如有火星有桃花紛爭，有鈴星小心設局中美人計、仙人跳，再有空劫、忌破大財。
交友宮，朋友中多有人緣或桃花運強。
事業宮，有桃花進財之象，有羊、陀同度再逢化忌更明顯。
田宅宮，和天姚同宮，會居住在有桃花燈紅酒綠之地區。
福德宮，老年有桃花運，有輔弼則桃花帶來快樂，再有空劫也為此耗敗。

四、天才星

1. 有高等智力、聰慧、才幹，僅命身宮有效，加昌曲有超人智商，加天機更是天才。

2. 有羊刃、龍池、鳳閣有美工、藝術、設計之才華，有文曲有音樂、美術或色彩學之才華。

3. 有魁鉞會在領域中突顯出來成專家。

4. 上述再有博士，則其智商才華不可言喻！

五、天壽星

在人的宮位指該宮位人有壽，喜與貪狼、天梁同宮更有高壽，大運流年逢之或可避災劫，加長生更主壽。

六、封誥星

1. 利科考之星，公務公職人員逢之大利，在本命逢之，一生對重要考試有利。
2. 若與昌、曲、化科、龍鳳、恩光、天貴等組合，可能當縣市長、政務委員，大運逢之更佳。
3. 在官祿宮一生會做到主管職，更多吉曜更大官。可在此方位刻一石質印鑑鎮住，利商場競爭、人事競升，或選舉薦拔，或重大科考，均可使用此法，以雞血石材質最佳。

七、恩光天貴星

1. 喜入命、遷、官夫宮位，較能平順或因配偶得貴，入子女宮則子女有貴象，此二星有偷龍轉鳳之象，流年逢之，可用該方位為臥室，懷孕有得子息之機會，再有青龍則更確。

2. 代表地方顯貴，有助命格局提升，若命格有陽梁昌祿更喜逢之，此二星在命及三方一生中易遇殊禮與大官高級人仕相逢或接受表揚接見，但夾宮力量弱。

3. 與昌曲化科或紫、廉、日、月、梁同宮，可從政為優，如果要能位高權重，需會龍鳳，否則高官無望，或競選失利，此二星有小昌曲之雅號。

八、三台八座

1. 喜夾命宮，和輔弼同性質與之同宮力量更大，有利科考及社會地位提升。

2. 若結合煞星同宮會增加煞星力量，在疾厄宮易得癌症或不明之病況，也不喜入夫妻宮再有陰煞、鈴星，外人介入婚姻。

3. 大運流年逢之可考試晉等，凡有三台、八座、恩光、天貴、封誥、龍鳳、昌曲、化科均利科考。

4. 喜在財，田宮位有「增加」之意，在官祿宮也有此涵義！

九、華蓋星

1. 孤剋之星，宜僧道或在家修之居士，與宗教有緣，又叫小紫微，若和紫微天刑同宮，更加孤獨難有婚姻，有化忌同宮會對宗教狂熱。
2. 女命易晚婚，尤在夫妻宮見空、劫、忌更不利，若夫妻宮吉利，也代表會有很深之宗教信仰。
3. 此星有「挺屍」星之意。在大運流年田宅宮逢之，又逢煞忌多，有「人走」之象，在田宅宮又有煞忌同宮代表垃圾場、墓地、宮廟，若無煞忌表示家中有供奉佛堂或祖先。
4. 在命宮與羊刃同度獨守「虎賁山林」格，但人生較孤獨。

兄弟宮，手足中有宗教信仰，若有孤寡忌星，則可能有人為宗教終身奉獻，如出家或修女等。

夫妻宮，較冷漠無互動，再有火、鈴為信仰而爭執。

子女宮，子女較難與人溝通，有天刑更確，若有孤辰寡宿則子女少，有羊、陀則子女傷災重。

財帛宮，可能與廟之業務相關工作。

疾厄宮，加天刑則長年吃藥，有空、劫、陀、忌則筋骨有問題。

遷移宮，加火、鈴、羊、陀、忌，在外常有傷災，宜常去廟走走，可消劫厄。

交友宮，和親友較不互動，加空、劫、陀、忌則更是如此。

事業宮，較獨來獨往，加羊刃宜武職或工程人員，有天刑會從事宗教工作。

田宅宮，無煞忌住在寺廟附近，有煞忌住在垃圾車、焚化爐或墳場附近。

福德宮，有虔誠信仰。

父母宮，父母有宗教信仰，有魁鉞宗教地位崇高。

本命或流年要去拜拜的主神，如下：

1. 太陰加紅鸞，媽祖、瑤池金母、註生娘娘。
2. 天魁加陀羅，阿彌陀佛。
3. 天鉞，觀世音菩薩或主神是陰性之神明均可。
4. 武曲加羊、陀，關聖帝君或武財神。
5. 天梁，地藏王菩薩、自家神明、祖先供奉。
6. 廉貞，土地公、財神、關聖帝君；天府亦是各財神爺均可。
7. 貪狼，註生娘娘、月老。
8. 太陽，太陽星君。

9. 天機，三太子。

10. 天魁，主星是陽性之神明均可。

11. 文昌，文昌星君。

十、解神星

1. 乃化解消災厄之星，必須有吉星才可發揮，與魁鉞化權同宮會三方會照，才可發揮逢凶化吉之功能。

2. 其與紫微、天府、天梁、天相、天同、武曲此六顆主星同宮最有力，尤其對錢財化解有力，有魁鉞更逢貴人相助。

3. 女命命、身、福，若有解神、陀羅，而又逢姚、池，易遇輕薄之人，若是羊刃在命、身、財宮，三方又逢姚、池，易墮入風塵，而男命喜吃喝嫖或特種行業。

十一、天德星

在夫妻或福德宮可解除桃花，在命宮人品高尚。

十二、孤辰寡宿

1. 主在人方面少或缺乏之意，不喜在六親宮位，在命、福，夫妻宮延遲婚姻的效果，若再遇陀羅或上述宮位無桃花星可能更難成婚，如果再遇空、劫、忌更不易有正緣。

2. 若是武曲、七殺、天梁等星再加孤寡，則孤寂感更重，流年逢之，夫妻宮煞重，會有婚變或嚴重成鰥夫、寡婦。

3. 在官祿宮主孤單打拼、白手起家。
4. 在財帛宮欲振乏力。

十三、破碎星

1. 破耗、損失、離散之意，會增強煞星威力，不喜在夫妻宮有吉星爭執而已，若有輔弼有婚災，再有空、劫、忌必離。
2. 在財宮有金錢損失，在田宅宮再有文曲化忌家中水路管道不通暢或常淹水、漏水。
3. 在子女宮再有羊、火、忌有流墮胎之象，在流年子女宮逢煞或與病或病符同度，注意勿亂吃藥影響胎兒。
4. 大運流年會有損財或出車禍有支離破碎之意要小心，在疾厄宮常有膿腫發炎，有鈴星會蜂窩組織炎或破傷風。

十四、龍池、鳳閣星

1. 科名技術之星，只會一顆無效力，以夾命為佳，配合三台八座大運流年利考試，也利身分、地位提升。

2. 龍池代表魚，鳳閣代表鳥，可在該宮位養，磁場強助己再有化科、權、祿及祿存，在龍池位養魚可進財，逢昌、曲養金魚或溫馴類的魚，逢煞養凶性之魚，而在鳳閣位養鳥增加貴氣及個人魅力。

3. 龍池主耳，鳳閣主唇齒，煞多主此二方面會有傷病、重聽或齒落。

十五、天官天福星

天官天福星，需兩顆齊會才有力喜與「紫府、天梁、日、月」同宮，主事業旺盛，戊年生人在卯宮，為「天官賜福」格局，再加魁鉞，官運順暢。

十六、蜚廉星

主小人星，有口舌是非之意，若組合遇到姚池，則流言蜚語特別多，在大運流年逢之有感情困擾，也不喜歡在夫妻宮，則在感情上的閒言閒語特多。

十七、截路星

小人阻礙之意，代表競爭出現，半路截財，在命、身一生多波折，無力之感，在事業宮常做事遇程咬金，在夫妻宮遇人橫刀奪愛，在疾厄宮有截肢、骨折之象，在財帛常被人倒帳。

十八、天刑星

1. 有小羊刃之稱，煞氣重，在命宮有藥品、法律之象徵之意。在命及事業宮有魁鉞、化權宜法官、律師，若有煞同宮及會照，一生易有官非，若羊刃加魁鉞，可能為執法殺人之公務人員（法警）。
2. 命宮羊刃、天刑而無魁鉞者，一生易有外傷、刀槍災，再有忌或鈴星必有血光災。
3. 易與宗教、哲學接觸或為出家人。
4. 流年疾厄宮有天刑，可用吃維他命方式來化解，或將吃完藥瓶置於天刑宮位上，可化解不藥而癒之病。

十九、天空星

1. 乃吉星，表理想奮鬥力，與太陽，三台、八座同在卯、午宮「萬里無雲」格成就非凡。
2. 天空可解姚池之桃花邪性，此星加天馬在命宮之人（天馬行空）居無定所。
3. 此星與太陰同宮，宜財經、會計、貿易、商學，若加輔弼則更加理想，若魁鉞，宜民代職務。

二十、天馬星

1. 主奔走勞動，喜與化祿同度或會照成祿馬交馳格局，若加上有力的主星，易成大格局。
2. 與羊陀同度，易有傷災，但與羊刃同度為箭馬打戰之戰馬，有衝勁，與陀羅同度為跛腳馬，凡事遇阻，不利進行，與火星同度為戰馬，體力十足、衝勁夠。

3. 此星不喜病或絕宮，對四肢有損及傷災，尤其流年逢之，若有羊、陀及煞星兩顆以上，而主星是天機、文曲時，在病絕宮易有傷災。

4. 天相天馬同宮，再有羊、陀，會有破相之傷災。

5. 天馬加天相，在疾厄宮又逢煞星兩顆之上，主四肢傷殘及破相，若天馬加空劫、羊、火被槍殺或動大手術。

制化方式：

1. 在天馬宮位不能有雜物堆放，要淨空，也不可儲囤，否則行動不利有阻礙，可在此方位放匹馬像，而頭朝外，代表活力湧現，有奮鬥之心。

2. 員工坐此位易離職，而夫妻臥房在此主聚少離多，夫妻欲離婚可睡在此方位。

3. 在命、身、官、財宮時，宜動不宜靜，可去外地打拼較順遂，但有空、劫、忌時，忙而無獲，易入錯行。

4. 主星是貪狼或巨門，又有羊、陀、天馬，則適流動市集生意，如商展、夜市，加財星可貿易事業，若貪狼與天馬同度，可在此方位養狗。
5. 天馬加魁鉞宜海外、演講或發展，有雙祿之一可從事進出口貿易或旅行社。
6. 天馬居田宅，常出差或搬家，也不喜待在家中，若煞多居家不寧與六親疏離，若有空劫代表，常為租屋搬，若有財星，則增置房產替換房子而搬家。
7. 在夫妻宮主有幫夫運，但不宜逢煞，則有分離、分居之事。
8. 天馬在人的宮位，再有孤寡，則對該宮位之親人無緣。
9. 在事業宮有財星，宜外地求謀及動態工作，喜會科名之星（魁鉞、化科、昌曲、龍鳳），逢海外求學，若與長生或臨官同宮去遠方國度，若與病絕同宮，則近處求學。

天馬星各項組合，在事業官之表現如下：

1. 天機加天馬，田徑類；加貪狼，球類；加武曲、天梁，武術類運動員。
2. 天馬加巨門、三台、八座宜國貿；加財星更佳，有化科或化權宜外交。
3. 與巨門、太陽、太陰、化科及輔弼、昌曲同宮，宜電腦程式、大眾傳播、文化業或外交官。
4. 天馬與輔弼同宮，有財星，宜交通運輸工具、汽車銷售商，無財星交通運輸修護者。

二十一、天巫星

1. 主遺贈、繼承、升官之意，此星在命、父母、田宅宮，主能繼承業，在子女宮，則子女能繼承自己產業，在大運流年，逢有考試、競賽或升官之好事，對讀書人有利，又有昌曲、化科，可得獎學金。

2. 此星與文昌化忌同工之注意升官後因出差錯又下台，若再有鈴星、陰煞，則是代罪羔羊，背黑鍋下台。

制化方式：

流年走天巫，而欲升官升職，在自己辦公桌四個腳，用四個木頭，約1吋高度，包紅布墊到，會有催化作用。

二十二、天哭星

1. 消極、衰傷，不喜入命、身、福德、夫妻及人的宮位，遇煞多，易生離死別。
2. 在疾厄宮逢化忌，有莫名奇妙之罕見怪疾病，若有陰煞會沖到得業障因果病。
3. 天梁、天相、天機、天府、天同、太陰遇天哭，煩憂較多，逢化忌會重覆而來。

二十三、天虛星

和天哭相似，在人命、身、福德宮，容易使人意志消沉，參閱天哭星，此星不喜巨門同宮，運限逢之，有消極莫名哀傷，或痛不欲生之感，再逢煞重會自殺。

二十四、天廚星

天廚星，代表食的品味，在命、身更是如此，有紅鸞、天喜加巨門，則是美食主義者。

若以職業來看：

1. 加昌曲，咖啡店。
2. 加羊、陀，中式自助餐或快炒類。
3. 加姚池，則是輕鬆、玩樂的酒店、酒廊。

以上所述，再有貪狼、廉貞，則更適合。遇天月星，主疾病，不喜入命、身疾厄宮，主體弱多小病痛。

二十五、天月星

在命、身宮，幼年體質差多病痛，在遷移宮容易海外生病，流年在六親宮位時，注意該宮之人有病痛，制化方式是臥房不要在天月宮位，較能減輕病災。

國家圖書館出版品預行編目資料

學紫微斗數看一次就學會／張立忠著.
－－第一版－－臺北市：知青頻道出版；
紅螞蟻圖書發行，2019.6
面　公分－－(Easy Quick；164)
ISBN 978-986-488-204-5（平裝）

1.紫微斗數

293.11　　108006527

Easy Quick 164
學紫微斗數看一次就學會

作　　者／張立忠
發 行 人／賴秀珍
總 編 輯／何南輝
校　　對／周英嬌、張立忠
美術構成／沙海潛行
封面設計／引子設計
出　　版／知青頻道出版有限公司
發　　行／紅螞蟻圖書有限公司
地　　址／台北市內湖區舊宗路二段121巷19號（紅螞蟻資訊大樓）
網　　站／www.e-redant.com
郵撥帳號／1604621-1　紅螞蟻圖書有限公司
電　　話／(02)2795-3656（代表號）
傳　　真／(02)2795-4100
登 記 證／局版北市業字第796號
法律顧問／許晏賓律師
印 刷 廠／卡樂彩色製版印刷有限公司
出版日期／2019年 6 月　第一版第一刷
　　　　　2024年 9 月　　　第二刷(500本)

定價 350 元　港幣 117 元

ISBN 978-986-488-204-5　　Printed in Taiwan